Crossed Histories

Histoires *croisées*

This publication accompanies the exhibition
presented at the Canadian Cultural Centre in Paris

Crossed Histories
Gae Aulenti, Ada Louise Huxtable, Phyllis Lambert,
on Architecture and the City

From 13 February to 17 May 2025

Curator: Léa-Catherine Szacka
Associate curator: Catherine Bédard

This exhibition was produced
by the Canadian Cultural Centre in Paris.

Cette publication accompagne l'exposition
présentée au Centre culturel canadien à Paris

Histoires Croisées
Gae Aulenti, Ada Louise Huxtable, Phyllis Lambert,
sur l'architecture et la ville

Du 13 février au 17 mai 2025

Commissaire : Léa-Catherine Szacka
Commissaire associée : Catherine Bédard

L'exposition a été produite par
le Centre culturel canadien à Paris.

Crossed Histories

Gae Aulenti
Ada Louise Huxtable
Phyllis Lambert
on Architecture
and the City

Histoires *croisées*

Gae Aulenti
Ada Louise Huxtable
Phyllis Lambert
sur l'architecture
et la ville

entre
ulturel
anadien
aris

anadian
ultural
entre
aris

SKIRA

CONTENTS

Foreword

TEXT BY
Marc-Antoine Dumas

At its Paris gallery, the Canadian Cultural Centre organised and presented an exhibition featuring three great figures from the world of architecture who left their marks on their era: Gae Aulenti, Ada Louise Huxtable and Phyllis Lambert. This book is designed to commemorate the exhibition. We hope it will also help readers discover certain aspects of these women's thinking on architecture and their contributions to urban planning.

Guest curator Léa-Catherine Szacka, who initiated this project, has gathered Aulenti, Huxtable and Lambert for the first time. Their work is presented here by a series of documents selected by our guest curator to highlight the landmark achievements that have contributed most significantly to their reputations. Szacka, a Canadian who divides her time between the United Kingdom and France and is a lecturer in architectural studies at the University of Manchester, took a dual approach – biographical and thematic – to this trio of powerful and influential women, whose individual sensibilities and visions of the modern world are equally striking. We accompanied her on this adventure, based on research in the archives of Phyllis Lambert and the Canadian Centre for Architecture (CCA) in Montreal, which Lambert founded; the archives of the Getty Research Institute in Los Angeles, which holds the archives of Ada Louise Huxtable; and the Archivio Gae Aulenti in Milan.

The result is an unprecedented collection of images and documents thematically linking North America (Canada and the United States) and Europe (France and Italy). We called on Studio Pitis in Milan to give it form both as an exhibition and graphically, and on the publisher Skira to record it in this catalogue.

A number of people have contributed to the success of this project. First of all, I would like to thank Léa-Catherine Szacka for inspiring us to bring together these three extraordinary personalities in a project rooted in both history and the present day. I would also like to thank Phyllis Lambert for placing her trust in us, and we are particularly proud to publish here a series of exceptional photographs of Montreal architecture she took with Richard Pare. This series lay at the heart of the creation of the prestigious CCA, undeniably one of the finest world-class institutions in Canada. Nina Aulenti, Gae's granddaughter, also placed her trust in us, allowing us to exhibit little-known

Préface

TEXTE DE
Marc-Antoine Dumas

Le Centre culturel canadien a produit et présenté, dans sa galerie à Paris, une exposition portant sur trois grandes figures du monde de l'architecture ayant marqué leur époque : Gae Aulenti, Ada Louise Huxtable et Phyllis Lambert. Ce livre permet de garder en mémoire l'exposition. Il vise également à offrir, nous l'espérons, une contribution à la découverte de certains aspects de la réflexion sur l'architecture et de l'action dans la ville menées par ces femmes.

Réunies pour la première fois par Léa-Catherine Szacka qui est à l'origine de ce projet, Gae Aulenti, Ada Louise Huxtable et Phyllis Lambert se présentent à travers un ensemble de documents choisis par notre commissaire invitée pour mettre en lumière certaines réalisations phares ayant contribué de manière particulièrement significative à les faire connaître. Canadienne partageant son temps entre l'Angleterre et la France, maître de conférences en études architecturales à l'université de Manchester, Léa-Catherine Szacka approche ici ce trio de femmes puissantes et influentes, mais tout autant marquantes dans leur sensibilité propre et leur vision du monde moderne, par le biais d'une double démarche, biographique et thématique. Nous l'avons accompagnée dans cette aventure fondée sur une enquête documentaire réalisée notamment au cœur des fonds d'archives de Phyllis Lambert et du Centre canadien d'architecture de Montréal (sa création), du fonds d'archives du Getty Research Institute à Los Angeles (qui possède les archives d'Ada Louise Huxtable), et du fonds Archivio Gae Aulenti à Milan.

Le résultat nous donne accès à un assemblage inédit d'images et de documents reliant, par les thèmes abordés, l'Amérique du Nord (Canada et États-Unis) et l'Europe (France et Italie). Nous avons fait appel au Studio Pitis, à Milan, pour donner à cet assemblage inédit sa forme scénographique et graphique, ainsi qu'à l'éditeur Skira pour en conserver la trace avec ce livre.

Plusieurs personnes ont contribué au succès de ce projet. Je tiens d'abord à remercier Léa-Catherine Szacka de nous avoir poussés à réunir ces trois personnalités extraordinaires au sein d'un projet ancré à la fois dans l'histoire et dans notre contemporanéité. Je remercie vivement Phyllis Lambert de nous avoir fait confiance. Nous sommes particulièrement fiers de publier ici un ensemble de photographies exceptionnelles sur l'architecture de Montréal qu'elle a réalisées avec Richard Pare. Cette série de Phyllis Lambert

drawings in Paris for the first time. Many people have given us their ongoing support throughout the project: Hannah Deskin, Kate Osborne Loigeret, Céline Pereira, David Cyrenne, Sébastien Larivière and Helen-Jane Groarke, all of whom have links with Phyllis Lambert and the CCA; Norma Jelop, a student at the École nationale supérieure d'architecture in Versailles, who was an intern for this project; Cécile Nelson and Chrisoula Petridis, our translators; and the wonderful team at the Canadian Cultural Centre, in particular Catherine Bédard, our curator, who acted as associate curator, exhibition production manager and editor of this book.

I would also like to highlight the indispensable contribution of the six experts who partook in the exhibition through a series of interviews conducted by Léa-Catherine Szacka: Barry Bergdoll, professor of art history at Columbia University; Giovanna Borasi, director of the Canadian Centre for Architecture; Maristella Casciato, curator of architecture at the Getty Research Institute; Alexandra Lange, architecture critic; Mary McLeod, professor of architecture at Columbia University; and Mirko Zardini, curator and architecture critic, as well as former director of the Canadian Centre for Architecture.

Finally, I would like to express my sincere gratitude to Massimo Pitis, director of Pitis Associati, Milan, and Nathalie Prat, director of Skira France, as well as to the people who worked with them – in particular Matteo Benetti, Davide Valtorta, Valentina Solinas, Juliette Chambon, Maria Notó Mora, Sandrine Decroix and Danielle N. Carter – for the thought, vision and care they brought to this collaboration.

et Richard Pare s'inscrit au cœur de la création du prestigieux Centre canadien d'architecture qui est sans conteste l'une des plus belles institutions de calibre international au Canada. Nina Aulenti, la petite-fille de Gae, nous a elle aussi accordé sa confiance, nous permettant de présenter des dessins peu connus et de les exposer à Paris pour la première fois. De nombreuses personnes nous ont apporté leur collaboration continue tout au long du projet, parmi lesquelles Hannah Deskin, Kate Osborne Loigeret, Céline Pereira, David Cyrenne, Sébastien Larivière, Helen-Jane Groarke, tous liés à Phyllis Lambert et au CCA, Norma Jelop, étudiante à l'École nationale supérieure d'architecture de Versailles, qui a été stagiaire pour ce projet, Cécile Nelson et Chrisoula Petridis, nos traductrices, ainsi que la formidable équipe du Centre culturel canadien, en particulier Catherine Bédard, notre commissaire, qui a agi à titre de commissaire associée, de directrice de production et assuré la direction d'ouvrage de ce livre.

Je tiens à souligner également la contribution indispensable à l'exposition des six experts interviewés par Léa-Catherine Szacka et dont nous croiserons les voix au fil de cet ouvrage : Barry Bergdoll (professeur d'histoire de l'art à Columbia University), Giovanna Borasi (directrice du Centre canadien d'architecture), Maristella Casciato (conservatrice de l'architecture, Getty Research Institute), Alexandra Lange (critique d'architecture), Mary McLeod (professeur d'architecture à Columbia University) et Mirko Zardini (commissaire et critique d'architecture, ancien directeur du Centre canadien d'architecture).

Enfin, ma vive reconnaissance va à Massimo Pitis (directeur de Pitis Associati, Milan) et Nathalie Prat (directrice de Skira France), ainsi qu'aux personnes œuvrant avec et autour d'eux, notamment Matteo Benetti, Davide Valtorta, Valentina Solinas, Juliette Chambon, Maria Notó Mora, Sandrine Decroix et Danielle N. Carter, pour la réflexion, la vision et le soin apportés à cette collaboration.

Bringing Walls to Life: The City at the Heart of the Monument

TEXT BY
Catherine Bédard

This book is the memento of an exhibition that examines our relationship with the urban environment in the past and the present. Based on an idea from Léa-Catherine Szacka, and drawing on her search for images, documents and testimonies, *Crossed Histories: Gae Aulenti, Ada Louise Huxtable, Phyllis Lambert, on Architecture and the City* has not attempted to circumscribe a subject but to approach it by way of comparisons.

In a constant interplay between an ideal, all-encompassing vision and a fragmentary, close-up one, in the back-and-forth movement between a whole and its parts, the project brings together and establishes relationships.

First are the relationships between three exceptional women who, in different ways, have made major contributions to the way we think about architecture and the city. Then, we have the relationships between five architectural projects: the interior of the Musée d'Orsay in Paris, the Piazzale Cadorna in Milan, the Seagram Building and Penn Station in New York, and Greystone Montreal (culminating in the establishment of the Canadian Centre for Architecture). These architectural projects are approached through images of different types and provenances: drawings and photographs of architecture planned, built, razed or threatened with demolition; private photographs from family albums; letters and articles in the form of pleas or protests; and interviews with six experts in the architectural domain. Finally, the exhibition gathers comparable sensibilities about public space and the way built heritage is rooted in both long and local history.

Strong women and pragmatic intellectuals, Gae Aulenti, Ada Louise Huxtable and Phyllis Lambert shared a way of thinking about the value of historical buildings and their essential coexistence with other modernities that is both ambitious and profound. They came from privileged backgrounds, of course, but had nonetheless built their careers in male-dominated environments, and *with* men rather than against them. They share a dimension, a stature or a commitment rather than a truly common history. We thus need

Faire vivre les murs : la ville au cœur du monument

TEXTE DE
Catherine Bédard

Ce livre est la mémoire d'une exposition jetant un regard en arrière pour interroger notre rapport à l'environnement urbain au présent. Sur une idée de Léa-Catherine Szacka, et s'appuyant sur sa quête d'images, de documents, et de témoignages, le projet *Histoires croisées : Gae Aulenti, Ada Louise Huxtable et Phyllis Lambert, sur l'architecture et la ville* n'aura pas cherché à circonscrire un sujet, mais à y accéder par le biais de rapprochements.

Dans un jeu de renvois constants entre une vision idéale, englobante, et une vision de près, parcellaire, dans ce va-et-vient entre un tout et des parties, ce projet s'approche, rapproche, propose des mises en relation.

Mise en relation, d'abord, de trois femmes exceptionnelles qui ont, par des moyens différents, apporté une contribution majeure à la manière d'envisager l'architecture et la ville. Mise en relation de cinq projets architecturaux (l'aménagement intérieur du musée d'Orsay à Paris, la Piazzale Cadorna à Milan, le Seagram Building et Penn Station à New York, les pierres grises [*greystones*] de Montréal culminant dans la création du Centre canadien d'architecture) abordés par le biais d'images de natures et de provenances diverses : dessins et photographies d'architectures projetées, construites, détruites ou menacées de l'être ; photographies privées provenant d'albums de famille ; lettres et articles en forme de plaidoyers ou de protestations, entrevues avec six experts du domaine de l'architecture. Mise en relation, enfin, de sensibilités semblables pour l'espace public et pour l'ancrage du bâti dans l'histoire longue tout autant que dans l'histoire locale.

Femmes solides et intellectuelles pragmatiques, porteuses d'une réflexion tant ambitieuse que profonde sur la valeur des bâtiments historiques et leur indispensable coexistence avec d'autres modernités, femmes issues de contextes certes privilégiés, mais ayant su conduire leur carrière au sein de milieux dominés par les hommes, et avec ceux-ci plutôt que contre, Gae Aulenti, Ada Louise Huxtable et Phyllis Lambert partagent une dimension, une stature, un engagement plus qu'une histoire réellement commune.

to understand that the crossings suggested here, in *Crossed Histories*, are not those of a literally shared space-time. With a certain detachment, without all the threads having to work together to weave a unifying representation, distinct histories are evoked to open up a space and leave it open. Like the stations, squares and museums designed by these women, who were both innovators and protectors, advocates of a modern city on a human scale, this space is open to movement, reflection and contemplation.

New connections and encounters arise as you wander through the exhibition space and, in a different form, through the pages of this book. The spectacular perspective views of the central aisle of the future Musée d'Orsay (drawings by Gae Aulenti) can thus resonate with a period photograph of the old Penn Station in New York: both are architectural monuments transformed into gigantic public places. Elsewhere, Berenice Abbott's superb architectural photographs of the steel frame of the sacrificed New York train station can be viewed, in an imaginary proximity, alongside images by Phyllis Lambert and Richard Pare, whose reportage on the historic buildings of Montreal vividly evokes the dampness and cold of streets deserted by their inhabitants.

Associated with five major architectural histories of the second half of the 20th century, Gae Aulenti, Ada Louise Huxtable and Phyllis Lambert meet indirectly here through a series of images associated with remarkable monuments in their home cities (Milan, Paris, Montreal and New York). This meeting, itself monumental in terms of the intellectual and creative dimension of the people it brings together, takes place on the ground rather than higher up, in a space that is both open and protected, like the architecture of a public space: accessible, welcoming and humanised.

Aussi faut-il comprendre que les croisements suggérés ici, dans *Histoires croisées*, évoquent des vécus distincts qui, avec un certain détachement, permettent d'ouvrir un espace et de le laisser ouvert, sans que tous les fils participent au tissage d'une représentation unifiante. Un espace tels ces lieux que sont les gares, les places, les musées imaginés par ces femmes à la fois innovatrices et protectrices, adeptes d'une ville moderne à échelle humaine… Un espace ouvert à la circulation, à la réflexion, à la contemplation.

Des rapprochements et rencontres inédites se produisent, à mesure de la déambulation qui aura été proposée dans la spatialité de l'exposition et, sous une autre forme, dans la succession des pages du livre. Les spectaculaires vues en perspective de l'allée centrale du futur musée d'Orsay (dessins de Gae Aulenti) peuvent ainsi résonner avec une photographie ancienne de feu Penn Station à New York, par exemple, dès lors qu'on s'intéresse au monument architectural transformé en gigantesque place publique. Ailleurs, les superbes photographies d'architecture que Berenice Abbott consacre à l'armature d'acier de la gare new-yorkaise sacrifiée peuvent côtoyer, dans une proximité imaginaire, celles de Phyllis Lambert et de Richard Pare, dont le reportage sur les bâtiments historiques de Montréal fait ressentir l'humidité et le froid des rues désertées par les habitants.

Associées à cinq histoires d'architecture majeures de la seconde moitié du XXe siècle, Gae Aulenti, Ada Louise Huxtable et Phyllis Lambert se rencontrent ici indirectement à travers un ensemble de représentations associées à des monuments remarquables de leurs villes d'attache (Milan, Paris, Montréal, New York). Cette rencontre, elle-même monumentale par la dimension intellectuelle et créatrice des personnes qu'elle réunit, a lieu à même le sol et non pas en hauteur, dans un espace à la fois ouvert et protégé, à l'image d'une architecture de place publique, accessible, accueillante et humanisée.

Pioneers of the 20th Century

TEXT BY

Léa-Catherine Szacka

Pionnières du XXe siècle

TEXTE DE

Léa-Catherine Szacka

A Man's Profession?

'L'architettura è un mestiere da uomini
ma ho sempre fatto finta di nulla.'

When asked about the profession she had chosen in her early 20s and continued to practise with the greatest passion until her death, in 2012, at the age of 84, Gae Aulenti replied: 'Architecture is a man's profession, but I have always pretended I didn't know'. Like most women of her generation, Aulenti started her professional career operating in a world that was still unquestionably dominated by men. Yet, following a profound desire for personal and professional emancipation, she had a decisive influence on the world of architecture and design, imagining some of the most iconic objects and architecture of the 20th century while deftly navigating between architects, political authorities, clients, stakeholders and the public sphere.

This exhibition examines the life and work of Gae Aulenti (1927–2012) alongside that of two other female trailblazers – Ada Louise Huxtable (1921–2013) and Phyllis Lambert (1927–). These three women evolved in different contexts – one in Europe, the other two in North America – but belonged to the same generation. Born in the 1920s, roughly a century ago, they were from 'families that allowed a liberal education and prepared them to grow into professional careers whose profiles they could invent themselves'.[1]

Aulenti, Huxtable and Lambert entered the professional world in the immediate aftermath of the Second World War, in a period of intense reconstruction in Europe and one that saw the increase of suburban home ownership in the United States. With the economic boom and the nuclear family ideal high on the agenda, many women left their wartime jobs and moved into suburban married life. Consequently, there was a significant rise in the birthrate, alongside mass consumption. Yet the life paths of Aulenti, Huxtable and Lambert were different. All three, in large part thanks to their privileged backgrounds, followed their burning passion for work and fought to make a place for themselves in a male-dominated world. Highly educated women, they operated with tools that expanded the traditional role of the architect. With their uncommonly strong personalities, the scale of their work and the major influence that they exercised, and even still exercise, these three women deserve an exhibition that pays tribute to their legacy by showing some of the projects in which they were involved.

We know that, until the late 20th century, architecture was still a male profession. Traditionally, women's practices of architecture have been their

Un métier d'homme?

«L'architettura è un mestiere da uomini ma ho sempre fatto finta di nulla.»

Quand on l'interrogeait sur la profession qu'elle avait choisie à une vingtaine d'années, puis exercée avec la plus grande passion jusqu'à sa mort, à l'âge de 84 ans, Gae Aulenti répondait : « L'architecture est un métier d'homme, mais j'ai toujours fait semblant de l'ignorer. » Comme la plupart des femmes de sa génération. Aulenti a débuté dans un univers encore incontestablement sous domination masculine. Pourtant, animée d'un profond désir d'émancipation personnelle et professionnelle, elle a influencé de manière décisive le monde de l'architecture et du design, imaginant certains des objets et des structures les plus emblématiques du xxe siècle tout en menant habilement sa barque entre architectes, autorités politiques, clients, investisseurs et la sphère publique.

Cette exposition examine la vie et l'œuvre de Gae Aulenti (1927 – 2012) ainsi que celles de deux autres précurseurs : Ada Louise Huxtable (1921 – 2013) et Phyllis Lambert (1927 –). Trois femmes ayant évolué dans des environnements différents – l'une en Europe, les deux autres en Amérique du Nord –, mais appartenant à la même génération. Nées dans les années 1920, il y a environ un siècle, elles étaient issues de « familles ouvertes à une éducation libérale, leur permettant de s'épanouir dans des carrières dont elles étaient libres d'inventer le profil[1] ».

Aulenti, Huxtable et Lambert ont fait leurs premiers pas professionnels dans l'immédiat après-guerre, une période d'intense reconstruction en Europe et de forte croissance de la propriété pavillonnaire aux États-Unis. Sous l'effet du boom économique et d'une priorité donnée à l'idéal de la famille nucléaire, beaucoup de femmes quittèrent l'emploi qu'elles occupaient en temps de guerre pour s'installer dans une vie maritale suburbaine. Il s'ensuivit une hausse sensible des naissances ainsi qu'une augmentation de la consommation de masse. C'est pourtant une voie totalement différente qu'allaient prendre Aulenti, Huxtable et Lambert. Toutes trois, en grande partie grâce à leurs origines privilégiées, se sont jetées à corps perdu dans le travail et ont lutté pour se faire une place dans un monde dominé par des figures masculines. En femmes très cultivées, elles ont employé des outils qui ont élargi le rôle traditionnel de l'architecte. Du fait de leurs personnalités hors du commun, l'ampleur de leur activité et l'influence majeure qu'elles ont exercée – et exercent encore aujourd'hui – ces trois femmes méritent une exposition qui

Phyllis Lambert sculptant un buste de sa mère, Saidye Rosner Bronfman, 1952 (tirage à la gélatine argentique, 13 × 17,9 cm)

CENTRE CANADIEN D'ARCHITECTURE, FONDS PHYLLIS LAMBERT, MONTRÉAL, ARCON1993:0013. © D.R.

Phyllis Lambert sculpting a bust of her mother, Saidye Rosner Bronfman, 1952 (gelatin silver print, 13 × 17.9 cm)

CANADIAN CENTRE FOR ARCHITECTURE, PHYLLIS LAMBERT FONDS, MONTREAL, ARCON1993:0013. © D.R.

RONALD MILEWSKI *Phyllis Lambert dans les bureaux de Pier Associates, à Chicago*, 1971 (tirage à la gélatine argentique, 13 × 18 cm)

CENTRE CANADIEN D'ARCHITECTURE, FONDS PHYLLIS LAMBERT, MONTRÉAL, ARCH278666.

RONALD MILEWSKI *Phyllis Lambert in the Pier Associates offices in Chicago*, 1971 (gelatin silver print, 13 × 18 cm)

CANADIAN CENTRE FOR ARCHITECTURE, PHYLLIS LAMBERT FONDS, MONTREAL, ARCH278666.

relationship to the domestic sphere, including activities of everyday caretaking and household maintenance labour. In patriarchal ideology, the domestic space is the woman's domain, while men move more freely from the private sphere of the house to the public space of the city. The reversal of this order and women's entry into the architectural profession was slow and is still unfinished.[2] It was only in the early 1970s that the enrolment of women in architecture schools increased substantially, following a general shift in the democratisation of knowledge and the opening of the academic environment. Around the same time, the first studies on women and architecture or shedding light on the contribution of specific women to the profession started to emerge, a work of rediscovery that is still under way today.[3] Making the invisible visible and telling unknown or little-known histories, these studies are now emerging everywhere and contribute to filling an immense gap in knowledge.[4]

But the purpose of this exhibition goes further. Because what characterises the path traced by each of the three women presented in the show is not so much that they succeeded in a male profession, but that they did so by broadening the very definition of what architecture can be, giving it its credentials in new spheres such as criticism, curating and museology, politics and advocacy planning, and institution building. As Anne Marie Adams and Peta Tancred explain in their book *Gender and the Architectural Profession*: 'by refusing on occasion to follow a conventional architectural career, women have branched out into a wide range of alternative employment, ignored by the profession but nevertheless extending and elaborating upon the core areas of architectural practice'.[5] The three protagonists of this exhibition brought the debate about architecture and the city to the public square and into the space of the metropolis. They succeeded in preserving entire neighbourhoods of their beloved cities or leading the general public to change their view on what they could contribute to their environment. How? Thanks to or despite what circumstances?

Reimagining what architecture could be and working in environments where they were not expected, these women were able to innovate and break the glass ceiling. Their agency can be distilled through three common threads across the otherwise diverse paths of Aulenti, Huxtable and Lambert. First, all three women were active

FUJISANKEI
Gae Aulenti, récipiendaire du Praemium Imperiale,
1991

FUJISANKEI
Gae Aulenti, award winner of the Praemium Imperiale,
1991

ARCHIVIO GAE AULENTI, MILAN. © FUJISANKEI.

rende hommage à l'héritage qu'elles ont laissé en montrant quelques-uns des projets auxquels elles ont participé.

On sait que jusqu'à la toute fin du xxe siècle, l'architecture est restée une profession dédiée principalement aux hommes. Traditionnellement, les pratiques architecturales féminines avaient trait au cadre domestique, y compris les activités de soins quotidiens et d'entretien ménager. Dans l'idéologie patriarcale, l'univers domestique est le domaine de la femme, tandis que les hommes se déplacent avec plus de liberté de la sphère privée de la maison à l'espace public de la ville. Le renversement de cet ordre établi et l'entrée des femmes dans la profession d'architecte ont été lents et restent inachevés[2]. Ce n'est qu'au début des années 1970 que les inscriptions de femmes dans les écoles d'architecture ont substantiellement augmenté, grâce à une démocratisation générale des connaissances et l'ouverture du milieu académique. À peu près au même moment, les premières études sur les femmes et l'architecture ou mettant en lumière la contribution de certaines femmes à la profession ont commencé à voir le jour ; un travail de redécouverte qui se poursuit encore aujourd'hui[3]. Rendant l'invisible visible et racontant des histoires particulières inconnues ou méconnues, ces études émergent désormais un peu partout et contribuent à combler une immense lacune du savoir[4].

Mais le propos de cette exposition va plus loin. Car ce qui caractérise le parcours de chacune des trois femmes présentées dans l'exposition, ce n'est pas tant qu'elles aient réussi dans une profession masculine, mais qu'elles l'aient fait en élargissant la définition même de ce que peut être l'architecture. Elles lui ont ainsi donné ses lettres de noblesse dans des domaines tels que la critique, la conservation et la muséologie, la politique et la planification de l'action sociale, la construction d'institutions, etc. Comme l'expliquent Annmarie Adams et Peta Tancred dans leur livre *"Designing Women". Gender and the Architectural Profession*, « en refusant parfois de suivre une carrière conventionnelle d'architecte, les femmes se sont lancées dans un large éventail d'emplois alternatifs, dédaignés par la profession, mais propres à étendre et développer les champs essentiels de la pratique architecturale[5] ». Les trois protagonistes de cette exposition ont porté le débat sur l'architecture et la ville jusque sur la place publique et dans l'espace de la métropole. Elles ont réussi à préserver des quartiers entiers de leurs villes bien-aimées ou à changer le regard du grand public sur ce qu'il peut apporter à son environnement. Comment ? Grâce à ou malgré quelles circonstances ?

during the shift between modernism and postmodernism and adopted an ambivalent position, a nuance that characterised their modus operadi; second, they had a common sensibility towards history and have, in one way or the other, been instrumental in the debate over building conservation; third, they all shared a belief in the need for public engagement in the creation of the city – both through public spaces and through public voices.

The notion of power and one's position in society are also at the core of our argument. In her 1970 book *Sexual Politics*, reflecting on the patriarchal constructions and the heteronormativity of society, American writer and activist Kate Millett argues that, if traditionally men have established power over women, this power is the result of social constructs rather than being innate or based on biological qualities.[6] Aulenti, Huxtable and Lambert were privileged women who occupied dominant places in society. They were among the most powerful voices in architecture in the 20th century, yet there is still little literature available on their history.

Traditionally, women's achievements have slipped through the cracks, remaining unrecorded – frequently due to an absence of archives. Often, accounts that do remain are difficult, if not impossible, to locate and integrate into existing histories.[7] In the case of Aulenti, Huxtable and Lambert, there exist a great number of documents, traces and testimonies.[8] Following the work of architectural historians who recently focused their attention on female architects, and echoing a larger trend of past and ongoing research in architectural history and urban studies, this exhibition uses archives and interviews to explore the professional and personal trajectories of our three protagonists. In doing so, it challenges canonical architectural and urban historiographies of the postwar period and writes women back into history. The goal, then, is not merely to expand the scope of the canon but to dismantle it and rethink it from the ground up.

In her 1971 essay 'Why Have There Been No Great Women Artists?', the American art historian Linda Nochlin examines the institutional obstacles that have made the success of women difficult. She argues that it is not by adding more women to the history of art, but rather by changing the way we look at art history that women will finally gain the place they deserve. While many studies emphasise single narratives and individual histories, this project, *Crossed Histories*, through the medium of an exhibition, 'a major arena for the dissemination of research on women architects'[9], follows a series of thematic threads and aims to 'cross' these histories into a tightly knit web of relations which, together, will establish a new collective narrative.

En réimaginant ce que l'architecture pouvait recouvrir et travaillant dans des milieux où elles n'étaient pas attendues, ces femmes ont pu innover et briser le plafond de verre qui était traditionnellement imposé à la gent féminine. En suivant cette idée, nous pouvons lire trois fils rouges dans les parcours, par ailleurs très divers, d'Aulenti, d'Huxtable et de Lambert. Tout d'abord, chacune a été active lors du passage du modernisme au postmodernisme et a adopté une position ambivalente, une forme de nuance qui a caractérisé son *modus operandi* ; ensuite, elles avaient une sensibilité commune à l'Histoire et ont, d'une manière ou d'une autre, contribué au débat sur la protection des bâtiments ; enfin, toutes trois partageaient la conviction de la nécessité d'un engagement notoire dans la création de la ville – à la fois à travers des espaces publics et à travers l'expression publique.

La notion de pouvoir et la place de chacun dans la société sont d'autre part au cœur de notre argumentation. Dans son livre *La Politique du Mâle*, publié en 1970, l'autrice et activiste américaine Kate Millett réfléchit aux constructions patriarcales et à l'hétéronormativité de la société. Elle affirme que si les hommes ont par coutume établi une domination sur les femmes, ce pouvoir est le résultat de schémas sociaux plutôt qu'inné ou fondé sur des qualités biologiques[6]. Aulenti, Huxtable et Lambert étaient des femmes privilégiées qui occupaient des positions influentes dans la société. Elles comptent parmi les voix les plus puissantes de l'architecture du XXe siècle et pourtant, peu d'ouvrages traitent de leur histoire.

Les réalisations des femmes ont été historiquement passées sous silence, non conservées – la plupart du temps en raison de l'absence d'archives. Les témoignages qui demeurent sont souvent difficiles, voire impossibles à retrouver et à intégrer dans les récits existants[7]. Dans le cas d'Aulenti, Huxtable et Lambert, une grande quantité de documents, de traces et de témoignages sont recensés[8]. Dans l'axe du travail d'historiens de l'architecture qui ont depuis peu porté leur attention sur les femmes architectes, et reflétant une tendance plus large de la recherche passée et actuelle en histoire de l'architecture et études urbaines, cette exposition rassemble des archives et entretiens afin d'explorer les trajectoires professionnelles et personnelles de nos trois protagonistes. Ce faisant, elle remet en question les historiographies architecturales et urbaines canoniques de l'après-guerre et réinscrit les femmes dans l'Histoire. L'objectif n'est donc pas simplement d'élargir le canon historique de l'architecture, mais plutôt de démanteler les canons existants et de les repenser de fond en comble.

Life and Work: Between Milan, New York and Montreal

GAE AULENTI (1927-2012)

Gaetana (Gae) Emilia Anna Maria Aulenti was born in Palazzolo dello Stella, a small village in Friuli, Italy, on 4 December 1927. She grew up in a privileged Milanese milieu with her parents, both of Calabrese origin, and her younger sister, Olga. Her father, Aldo, was an economist, son of a magistrate, and her mother, Virginia, was a schoolteacher and the daughter of a doctor. In 1937 the Aulenti family left Friuli to settle in Biella, a city known for its textile industries, situated between Milan and Turin in northern Italy. Aulenti remained there until her departure for Milan to attend university, defying her parents, who wanted her to become 'a dilettante, a nice society girl'.[10]

Aulenti studied architecture at the Politecnico di Milano, where she graduated in 1953, one of two women in a class of 20. Her training as an architect coincided with a period when Italian architecture was engaged in the cultural-historical quest to recover the architectural values of the past and the existing built environment that would flow into the Neo-Liberty movement. When starting her professional life, Aulenti joined the editorial staff at the design magazine *Casabella-Continuità*, then directed by Italian architect, writer and educator Ernesto Nathan Rogers (1909–1969). From 1955 to 1965, she was part of an avant-garde group of architects around Rogers's *Casabella*,[11] while she handled the graphic design and page makeup for the magazine. With this group, she engaged in intense, endless intellectual discussions about the future of architecture and design from a revisionist perspective and with a broad philosophical point of view.

In 1954, as she started a private practice as an architect and freelance designer in Milan, Aulenti married Francesco Buzzi Ceriani,[12] an architect one year older than her, whom she met in 1951 when studying at the Politecnico. Together they had a daughter, Giovanna Buzzi, born in 1955. The couple separated in 1959, when Giovanna was only four years old, but the two stayed close and 'went on co-parenting and raising their daughter in the form of a non-traditional family unit',[13] prompting Aulenti to arrange her house with a study area so that she could work on drawings and hold her networking and family activities at the same time. In 1974 Gae moved into a house-studio in Brera,[14] a custom-designed space which would become an important place for her private, professional and public life, the theatre of frequent gatherings in the Milanese culture of the 1970s and 1980s.[15]

"Gae Aulenti was part of an intellectual discussion around architecture that emerged in the Sixties and Seventies around the magazine *Casabella-Continuità* with Ernesto Nathan Rogers. But she really played a very important role especially in the field of the profession and the practice of architecture - even if she took part in this debate. We have to keep in mind that in that period women architects were often relegated to the fields of design, interior design and, perhaps, commissions for private homes."

Mirko Zardini

ART AND ARCHITECTURE CRITIC, MILAN,
AND FORMER DIRECTOR OF THE CANADIAN CENTRE FOR ARCHITECTURE, MONTREAL

Interview by Léa-Catherine Szacka, 17 May 2024

« Gae Aulenti a été partie prenante de l'effervescence intellectuelle autour de l'architecture initiée dans les années 1960, 1970 par le magazine *Casabella-Continuità* d'Ernesto Rogers. Mais elle a aussi joué un rôle essentiel sur le terrain de la profession et dans la pratique de l'architecture, tout en prenant part au débat. Gardons à l'esprit qu'à l'époque, les femmes architectes étaient souvent reléguées aux domaines du design, de l'aménagement intérieur et bien souvent des commandes pour résidences privées. »

Mirko Zardini

COMMISSAIRE ET CRITIQUE D'ARCHITECTURE, MILAN,
ET ANCIEN DIRECTEUR DU CENTRE CANADIEN D'ARCHITECTURE, MONTRÉAL

Interview de Léa-Catherine Szacka, 17 mai 2024

Dans son article de 1971, « Why Have There Been No Great Women Artists? » [Pourquoi n'y a-t-il pas eu de grandes artistes femmes ?], l'historienne de l'art Linda Nochlin examine les obstacles institutionnels qui ont rendu le succès des femmes difficile. Elle affirme que ce n'est pas en ajoutant plus de femmes à l'histoire de l'art, mais plutôt en changeant notre vision de l'histoire de l'art que les femmes y obtiendront finalement la place qu'elles méritent. C'est l'objectif de ce projet en recourant au médium de l'exposition, « une arène majeure pour la diffusion de la recherche sur les femmes architectes[9] ». Alors que de nombreuses études ont mis l'accent sur des récits uniques et des histoires individuelles, celle-ci, *Histoires croisées*, propose de suivre une série de fils rouges thématiques et d'entrecroiser ces histoires en un réseau étroitement tissé de relations qui, ensemble, établiront un nouveau récit collectif.

Vie et œuvre : entre Milan, New York et Montréal

GAE AULENTI (1927 - 2012)

Gaetana (Gae) Emilia Anna Maria Aulenti est née le 4 décembre 1927, à Palazzolo dello Stella, un petit village du Frioul-Vénétie, en Italie. Elle grandit dans un milieu milanais privilégié, auprès de ses parents, tous deux d'origine calabraise, et de sa sœur cadette, Olga. Son père Aldo est économiste, fils d'un magistrat, et sa mère Virginia est institutrice, fille d'un médecin. En 1937, la famille Aulenti quitte le Frioul pour s'installer à Biella, une ville du nord de l'Italie située entre Milan et Turin, connue pour ses industries textiles. Gae y restera jusqu'à son départ pour Milan afin de suivre des études universitaires, défiant la volonté de ses parents de faire d'elle « une aimable dilettante de la bonne société[10] ».

Gae étudie l'architecture au Politecnico di Milano, où elle obtient son diplôme en 1953 ; elle est l'une des deux femmes d'une classe de vingt élèves. Sa formation d'architecte coïncide avec une période où l'architecture italienne est engagée dans une quête historico-culturelle de récupération des valeurs architecturales du passé et du bâti existant qui débouchera sur le mouvement néo-liberty. Au début de sa vie professionnelle, Gae rejoint la rédaction de la revue de design *Casabella Continuità*, dirigée à ce moment-là par l'architecte, écrivain et éducateur italien Ernesto Nathan Rogers (1909 – 1969). De 1955 à 1965, elle fait partie d'un groupe d'architectes d'avant-garde contribuant à *Casabella-Continuità*[11], tout en s'occupant de la conception graphique et de la mise en page de la revue. Avec ce groupe, elle partage d'intenses et

Gae Aulenti, 1980

ARCHIVIO GAE AULENTI, MILAN. © D.R.

Aulenti always conceived her architecture in close relationship and interconnection with the existing urban environment, while trying to transfer into her architectural space the multiplicity and intensity of elements, which go to define the urban universe. Following Rogers's famous adage *dal cucchiaio alla città* (from the spoon to the city), she designed on all scales: her work included many interiors for corporate clients such as Fiat,[16] Pirelli, Olivetti[17] and Knoll, as well as products, furniture and theatre set designs.[18] In the 1960s she designed a series of iconic pieces of furniture, among which *Sgarsul*, a rocking chair made for Poltronova; the *Stringa* sofa, a central piece in the same publisher's catalogue; and the *Pipistrello* and *King Sun* lamps for Olivetti. Aulenti also pursued didactic activities: she was a teaching assistant, first at the Istituto Universitario di Architettura di Venezia with Giuseppe Samonà between 1960 and 1962, and later at the Politecnico di Milano with Rogers from 1964 to 1967.

In the 1980s Aulenti 'was able to win large commissions, escaping the segregated field that very often women architects were confined to'.[19] In 1980, after winning the competition for the redevelopment of the interior spaces of the Gare d'Orsay in Paris, she directed the conception and work of interior renovation in the context of the transformation of the former transport hub into a museum, eventually inaugurated on 1 December 1986. Her work on the Musée d'Orsay led to subsequent major commissions, such as the restoration of the Musée National d'Art Moderne at the Centre George Pompidou, the restoration of Palazzo Grassi in Venice and the restoration of a 1929 exhibition hall in Barcelona into the Museu Nacional d'Art de Catalunya. A public intellectual, Aulenti was interested in and inspired by music, philosophy, art and literature. Moreover, she took part in various community and cultural activities and battled for social causes, such as the fight against corrupted urbanism, the defence of policies supporting scientific research and immigration, and the battle for built heritage. As a leftist, she always maintained strong links with politics, during her student years when she was part of Collettivo di Architettura – a group whose aim was to combine their future activity as architects with political struggle in order to propose, not just a material reconstruction after the war,

interminables discussions intellectuelles sur l'avenir de l'architecture et du design dans une optique socialisante et une large perspective philosophique.

En 1954, alors qu'elle commence à exercer en tant qu'architecte et designer free-lance à Milan, Gae épouse Francesco Buzzi Ceriani[12], un architecte d'un an son aîné qu'elle avait rencontré en 1951 pendant ses études au Politecnico. Ils ont une fille, Giovanna Buzzi, née en 1955. Le couple se sépare en 1959, alors que Giovanna n'a que quatre ans, mais tous deux restent proches. Ils « continuent à coparenter, élevant leur fille au sein d'une cellule familiale non traditionnelle[13] », ce qui incite Gae à aménager un bureau dans sa maison afin de pouvoir travailler sur des dessins et mener de front ses activités professionnelles et familiales. En 1974, Gae emménage dans la maison-atelier de Brera[14], un espace composé sur mesure qui deviendra un lieu important de sa vie privée, professionnelle et publique, théâtre de fréquentes réunions du monde culturel milanais des années 1970 et 1980[15].

Gae a toujours conçu son architecture en étroite relation et interconnexion avec le tissu urbain existant, tout en essayant d'introduire dans son environnement architectural la multiplicité et l'intensité des éléments caractéristiques de l'univers urbain. Suivant le célèbre adage d'Ernesto Nathan Rogers – « *Dal cucchiaio alla città* » [De la cuillère à la ville], elle a réalisé des projets à toutes les échelles : de nombreux intérieurs pour des entreprises telles que Fiat[16], Pirelli, Olivetti[17] et Knoll, mais aussi des produits et des meubles, ainsi que la création de décors de théâtre[18]. Dans les années 1960, elle imagine une série de meubles emblématiques, parmi lesquels *Sgarsul*, un fauteuil à bascule réalisé pour Poltronova, le canapé *Stringa*, pièce maîtresse du catalogue du même éditeur, les lampes *Pipistrello* et *King Sun* pour Olivetti. Gae poursuit également une fonction pédagogique en tant qu'assistante, d'abord avec Giuseppe Samonà à l'Istituto universitario di architettura di Venezia (IUAV) entre 1960 et 1962, puis avec Nathan Rogers au Politecnico di Milano de 1964 à 1967.

Dans les années 1980, Gae « réussit à obtenir de grosses commandes qui lui permirent d'échapper au champ d'activités sexiste où les femmes architectes étaient très souvent cantonnées[19] ». En 1980, après avoir remporté le concours pour le réaménagement des espaces intérieurs de la gare d'Orsay à Paris, elle dirige la conception et les travaux de rénovation intérieure accompagnant la transformation de l'ancienne gare en musée, finalement inauguré le 1er décembre 1986. Son travail sur le musée d'Orsay l'amène à réaliser d'autres aménagements importants : restauration du musée national d'Art moderne au Centre Georges-Pompidou, du Palazzo Grassi à Venise et d'un hall d'exposition de 1929 à Barcelone pour en faire le musée d'Art de Catalogne.

CARLA DE BENEDETTI
Gae Aulenti dans son studio à Milan, date inconnue

CARLA DE BENEDETTI
Gae Aulenti in her studio in Milan, unknown date

ARCHIVIO GAE AULENTI, MILAN. © CARLA DE BENEDETTI.

but major cultural and social changes too[20] – to her later association with the Italian Communist Party (PCI) until the early 1950s and later with the Italian Socialist Party (PSI).[21]

From the 1990s Aulenti started to participate more actively in debates about the city's future development.[22] In 2002 she was one of the founders of Libertà e Giustizia, a cultural and political association which aims to pursue a permanent dialogue between its members through conferences, seminars, surveys and internet forums. In a thought-provoking manifesto for Libertà e Giustizia, she wrote:

Our landscape is our history, our identity, our deep soul. Every wound to our history and our cities is a wound inflicted on ourselves, on our collective memory, on something inestimable that we have created over time and with which we have coexisted from generation to generation, across centuries. Wounding this delicate and precious heritage to death is not only a cultural grievance, but also a short-sighted and unwise economic calculation.[23]

Intellectuelle publique, Gae s'intéressait à la musique, la philosophie, l'art et la littérature, dont elle s'inspirait. Elle a également pris part à diverses initiatives communautaires et culturelles et s'est investie dans des causes sociales telles que la lutte contre la corruption dans l'urbanisme, la défense des politiques de recherche scientifique et d'immigration ou la protection du patrimoine bâti. En tant que femme de gauche, elle a toujours entretenu des liens étroits avec la politique depuis ses années d'études, lorsqu'elle faisait partie du « Collettivo di Architettura », groupe dont l'objectif était d'associer future activité d'architecte et lutte politique proposant non seulement une reconstruction matérielle d'après-guerre, mais aussi des changements culturels et sociaux majeurs[20]. Elle a par ailleurs été en lien avec le Parti communiste italien (PCI) jusqu'au début des années 1950 et, plus tard, avec le Parti socialiste italien (PSI)[21].

À partir des années 1990, Gae commence à s'impliquer davantage dans les débats sur le développement futur de la ville[22]. En 2002, elle cofonde Libertà e Giustizia, une association culturelle et politique visant à entretenir un dialogue permanent entre ses membres par le biais de conférences, de séminaires, d'enquêtes et de forums Internet. Dans le manifeste de Libertà e Giustizia, qui incite à la réflexion, elle écrit : « Notre paysage est notre histoire, notre identité, notre âme profonde. Toute blessure à notre histoire et à nos villes est une blessure infligée à nous-mêmes, à notre mémoire collective, à quelque chose d'inestimable que nous avons créé au fil du temps et avec lequel nous avons coexisté de génération en génération, à travers les siècles. Blesser à mort ce patrimoine délicat et précieux n'est pas uniquement une perte culturelle, c'est aussi un absurde calcul économique à courte vue[23]. »

La thématique urbaine est au cœur de la production de Gae Aulenti, qu'il s'agisse de sa conception d'objets, de décors d'exposition ou de meubles – comme une sorte de réinterprétation métaphysique des figures, des volumes et des espaces de la ville. Au cours de sa longue carrière, elle a reçu de nombreux prix et récompenses, dont, en 1987, le titre de chevalier de la Légion d'honneur, décerné par le président François Mitterrand, en reconnaissance de sa contribution à la culture française[24].

Gae Aulenti est décédée à Milan le 31 octobre 2012, à l'âge de 84 ans.

ADA LOUISE HUXTABLE (1921 - 2013)

Ada Louise Huxtable (née Landman) voit le jour à New York le 14 mars 1921. Unique enfant d'une famille juive aisée de la classe moyenne – son père,

The urban theme was central throughout Aulenti's production, in the design of objects, exhibition setups or pieces of furniture, perhaps in a metaphysical reinterpretation of figures, volumes and spaces of the city. During her long career, she received many prizes and awards, including, in 1987, the Chevalier de la Legion d'Honneur, awarded by President François Mitterrand in recognition of her contribution to French culture.

Gae Aulenti died in Milan on 31 October 2012 at the age of 84.[24]

GENE MAGGIO
Ada Louise Huxtable, lauréate du prix Pulitzer 1970, dans son bureau au New York Times, 1973

GENE MAGGIO
Ada Louise Huxtable, winner of the Pulitzer Prize, in her office at The New York Times, 1973

REA, 4 130516. © GENE MAGGIO/THE NEW YORK TIMES-REDUX-REA.

ADA LOUISE HUXTABLE (1921-2013)

Ada Louise Huxtable (née Landman) was born in New York on 14 March 1921. The only child of a well-off middle-class Jewish family – her father, Michael Louis Landman, was a doctor, and her mother, Leah Rosenthal Landman, was an art enthusiast – she grew up in a Beaux-Arts apartment building on Central Park West and 89th Street, in the heart of Manhattan. In 1941 Huxtable graduated in arts from Hunter College, a public university in New York then only open to women. She then went on to study art and architectural history at New York University's Institute of Fine Arts.

"Ada Louise Huxtable was the first architecture critic for a major American newspaper, and she created this position of talking about architecture to the widest possible audience. That really hadn't existed before, and I think for the thirty or forty years after she started in this critical position, more and more newspapers across America also felt that they had to have an architecture critic. So Huxtable really created this public, broad-based, kind of humanistic space for the discussion of architecture as one of the most important things happening in cities."

Alexandra Lange
ARCHITECTURE AND DESIGN CRITIC, NEW YORK

Interview by Léa-Catherine Szacka, 10 May 2024

"They had agency in very different ways. With Ada Louise, it was through the force of her writing, sharp, powerful, often witty and amusing - really a craft with words. And with Phyllis I think it had to do partly with patronage, partly with her power in the city. She was an activist; she wielded her power, building institutions, forming organisations. It was a different kind of role from that of Ada Louise."

Mary McLeod
PROFESSOR OF ARCHITECTURE, COLUMBIA UNIVERSITY, NEW YORK

Interview by Léa-Catherine Szacka, 9 May 2024

« Ada Louise Huxtable a été la première critique d'architecture pour un grand journal américain. Elle a créé cette position inédite consistant à parler architecture au plus grand nombre. C'était nouveau et, au cours des trente, quarante années suivantes, de plus en plus de journaux à travers toute l'Amérique se sont dit qu'il leur fallait aussi un critique d'architecture. Huxtable a donc vraiment créé cet espace de discussion ouvert, humaniste, sur l'architecture en tant que phénomène majeur affectant les villes. »

Alexandra Lange

CRITIQUE D'ARCHITECTURE ET DE DESIGN, NEW YORK

Interview de Léa-Catherine Szacka, 10 mai 2024

« Elles ont exercé leur influence de façons très différentes. Pour Ada Louise, c'était à travers la force de sa plume acérée, puissante, souvent pleine d'esprit. Par l'écriture. Quant à Phyllis, son action se situait entre philanthropie et militantisme social. C'était une activiste, menant parfois campagne dans la rue. Mais elle exerçait surtout son pouvoir en créant des institutions et en formant des associations. Un rôle très différent de celui d'Ada Louise. »

Mary McLeod

PROFESSEURE D'ARCHITECTURE, COLUMBIA UNIVERSITY, NEW YORK

Interview de Léa-Catherine Szacka, 9 mai 2024

Portrait en buste d'Ada Louise Huxtable. 1949

Portrait of Ada Louise Huxtable. 1949

THE GETTY RESEARCH INSTITUTE, COLLECTION ADA LOUISE HUXTABLE PAPERS, LOS ANGELES, 2013.M.9.

Michael Louis Landman, était médecin et sa mère, Leah Rosenthal Landman, une passionnée d'art –, elle grandit dans un appartement de style Beaux-Arts situé à l'angle de Central Park West et de la 89e rue, au cœur de Manhattan. En 1941, Ada Louise sort diplômée en arts du Hunter College, une université publique de New York alors réservée aux femmes. Puis elle continue d'étudier l'art et l'histoire de l'architecture à l'Institut des beaux-arts de l'université de New York.

La même année, Ada Louise est engagée comme vendeuse pour une ligne de mobilier conçue par Eero Saarinen et Charles Eames au magasin *Bloomingdale's*. C'est là qu'elle rencontre son futur époux, le designer industriel L. Garth Huxtable, avec qui elle se marie en 1942 et reste associée jusqu'à sa mort, sans avoir d'enfant. Après son expérience dans la vente de mobilier design, Ada Louise obtient, en 1946, un emploi au département d'Architecture et Design du Museum of Modern Art (MoMA). Elle œuvre d'abord sous la direction de Philip Johnson sur l'exposition emblématique « The Architecture of Mies van der Rohe » (1947 – 1948), pensée et mise en place par l'architecte allemand lui-même. Ada Louise travaille ainsi comme conservatrice adjointe au MoMA pendant quatre ans, tout en poursuivant ses études supérieures à l'université de New York[25]. En 1950, elle obtient une bourse Fulbright qui lui permet de partir en Europe et de suivre pendant deux ans des cours d'architecture italienne d'après-guerre. En Italie, elle rencontre l'historien et critique Bruno Zevi, qui influencera sa pensée critique et sa conception de l'espace[26]. En 1958, Ada Louise reçoit une bourse Guggenheim pour étudier les développements structurels dans l'architecture américaine. En 1960, elle fait paraître son premier livre sur l'œuvre de l'ingénieur et architecte italien Pier Luigi Nervi, dans le cadre d'une série d'ouvrages scientifiques publiés par George Braziller.

De 1950 à 1963, Ada Louise est rédactrice pour les revues *Progressive Architecture* et *Art in America*. Elle commence également à collaborer au *New York Times* en tant que pigiste pour le Sunday Magazine. En 1958, elle écrit un article critiquant la façon dont les journaux traitent le sujet du développement urbain. Cinq ans plus tard, en 1963, elle est engagée à titre permanent par

ALFRED EISENSTAEDT
Portrait d'Ada Louise Huxtable devant un gratte-ciel,
devant le Seagram Building, New York, date inconnue

ALFRED EISENSTAEDT
Portrait of Ada Louise Huxtable in front of a skyscraper,
in front of the Seagram Building, New York, date unknown

THE GETTY RESEARCH INSTITUTE, COLLECTION ADA LOUISE HUXTABLE PAPERS, LOS ANGELES, 2013.M.9. © ALFRED EISENSTAEDT.

In 1941 Huxtable was hired as a saleswoman for a line of furniture designed by Eero Saarinen and Charles Eames at Bloomingdale's retail store. This is where she met her future husband, the industrial designer L. Garth Huxtable, with whom she tied the knot in 1942 and stayed until his death, without having any children. Following her experience selling design furniture, in 1946 Huxtable secured a job at the Museum of Modern Art (MoMA) in the department of architecture and design, initially working under Philip Johnson on the 1947–48 exhibition *The Architecture of Mies van der Rohe*, an iconic show designed and installed by the German architect himself. Huxtable worked as an assistant curator at MoMA for four years while continuing her graduate studies at New York University.[25] In 1950 she won a Fulbright scholarship, which allowed her to leave for Europe and spend two years studying postwar Italian architecture. In Italy she met the historian and critic Bruno Zevi, who would influence her critical and spatial thinking.[26] In 1958 Huxtable received a Guggenheim grant to study structural developments in American architecture. She published her first book, in 1960, on the work of Italian engineer and architect Pier Luigi Nervi, part of a series of scholarly books published by George Braziller.

From 1950 to 1963 Huxtable was contributing editor to the magazines *Progressive Architecture* and *Art in America*. She also started contributing to *The New York Times* when freelancing for *Sunday Magazine*. In 1958 she wrote an article criticising how newspapers covered urban development. Five years later, in 1963, Clifton Daniel, then assistant managing editor of *The New York Times*, hired her as the permanent architecture critic, a position she held until 1982, becoming the first full-time architecture critic at an American newspaper.[27]

Huxtable saw her role at the newspaper as educational. A great lover of cities, she was gifted with language, often using alliteration and colourful metaphors to shape a new sensibility and raise awareness in her readership. Her critical stance emanated from the street and always took 'political, social, and economic issues into account'.[28] Moreover, she had a 'powerful, pervasive sense of history' that 'informed her judgement throughout'.[29]

She writes: 'The critic of architecture must therefore be a decoder, demystifier and debunker, a guide to values and meanings as well as to technology and aesthetics, a link between past and present'.[30] According to Huxtable, it was only in the latter part of the 20th century that people had really started to look at their environment as an environment: 'It has always been

there', she wrote, 'but it has finally been recognized as something that is terribly responsive to acts of will and judgment that have an endless impact on the state of humanity'.[31] Ultimately, because of her articles, Huxtable managed to have a great influence – contributing to the passing of zoning laws, helping save historic buildings from imminent demolition (though not all) and even threatening some architects' reputations.[32]

In 1970 Huxtable was awarded the first ever Pulitzer Prize for distinguished criticism, and in 1981 she won the MacArthur 'Genius Grant'. In 1973 she was the second woman to be named to *The New York Times* editorial board. In 1982 Huxtable left her position at *The New York Times* to dedicate herself to writing books, after receiving a MacArthur Fellowship in 1981. Later in her life, she returned to writing a regular column as an architecture critic for *The Wall Street Journal*, from 1997 to 2012. A prolific writer, Huxtable also published 11 books during her lifetime.

Ada Louise Huxtable died in New York on 7 January 2013 at the age of 91.

PHYLLIS LAMBERT (1927-)

Phyllis Barbara Lambert (née Bronfman) was born in Montreal on 24 January 1927. Raised in one of the richest Jewish families of Canada, Lambert was the daughter of Samuel Bronfman – a businessmen and philanthropist who founded the Distillers Corporation Limited, a company specialising in cheap whisky, and concurrently taking advantage of the US prohibition on alcoholic beverages – and Saidye Roesner Bronfman – a philanthropist. Lambert spent her childhood with her older sister, Minda, and her younger brothers, Edgar and Charles, in a Victorian mansion on Belvedere Road, in the wealthiest area of Montreal. There, she felt trapped, and her unconventional temperament soon pushed her to strike out on her own path, thanks to her artistic talents.

After attending The Study, a premier independent school for girls, Lambert left Montreal and her family in 1945, at the age of 18, to study art history at Vassar College, where she graduated with a BA in 1948. A year later, she married Jean Lambert, a French-German economic consultant, and moved with him to Paris, where she started working as an artist. The couple divorced in 1954, after only five years of marriage, and Lambert stayed in Paris, working as a sculptor in an apartment in the 14th arrondissement.

The same year, at 27 years old, Lambert received a letter from her father, informing her of his plan to build a headquarters for his company in New York City. Appalled by the design of the planned skyscraper, Lambert wrote a long missive to her father asking him to reconsider his choice. Eventually,

Saidye Rosner Bronfman, dans le jardin avec ses enfants, Edgar, Charles, Minda et Phyllis, 1944 (tirage à la gélatine argentique, 20,5 × 25,5 cm)

CENTRE CANADIEN D'ARCHITECTURE, FONDS PHYLLIS LAMBERT, MONTRÉAL, ARCH266308. © D.R.

Saidye Rosner Bronfman in the garden with her children, Edgar, Charles, Minda and Phyllis, 1944 (gelatin silver print, 20,5 × 25,5 cm)

CANADIAN CENTRE FOR ARCHITECTURE, PHYLLIS LAMBERT FONDS, MONTREAL, ARCH266308. © D.R.

Clifton Daniel, alors rédacteur en chef adjoint du *NYT*. Elle occupe ce même poste jusqu'en 1982, devenant ainsi la première critique d'architecture à temps plein pour un journal américain[27].

Ada Louise considérait son rôle au sein du journal comme pédagogique. Grande amoureuse des villes, c'était en outre une virtuose de la langue, employant souvent allitérations et métaphores colorées pour façonner une nouvelle sensibilité, éveiller les esprits et susciter une prise de conscience chez son lectorat. Sa posture critique, émanant de la rue, prenait toujours en compte « les questions politiques, sociales et économiques[28] ». Enfin, elle avait un « puissant et pénétrant sens de l'Histoire » qui « a éclairé son jugement tout au long de son travail[29] ».

Elle écrivait : « Le critique d'architecture doit donc être un décodeur, un démystificateur et un déboulonneur, un guide parmi les valeurs et les significations ainsi qu'en matière de technologie

Ludwig Mies van der Rohe. Phyllis Lambert et la maquette du Seagram Building. The Seagram Spotlight. New York. octobre 1955

CENTRE CANADIEN D'ARCHITECTURE, FONDS PHYLLIS LAMBERT, MONTRÉAL, ARCH250510.01. © ADAGP, PARIS, 2024 (MIES VAN DER ROHE).

Ludwig Mies van der Rohe. Phyllis Lambert and the model of the Seagram Building. The Seagram Spotlight. New York. October 1955

CANADIAN CENTRE FOR ARCHITECTURE, PHYLLIS LAMBERT FONDS, MONTREAL, ARCH250510.01. © ADAGP, PARIS, 2024 (MIES VAN DER ROHE).

RICHARD NICKEL
Phyllis Lambert, architecte. Le Centre Saidye Bronfman, désormais le Centre Segal des arts de la scène. Montréal. 1967, vue de nuit, 1968

CENTRE CANADIEN D'ARCHITECTURE, FONDS PHYLLIS LAMBERT, MONTRÉAL, ARCH250440. AVEC L'AUTORISATION DE RICHARD NICKEL ARCHIVE, RYERSON AND BURNHAM ART AND ARCHITECTURE ARCHIVES, THE ART INSTITUTE OF CHICAGO. © RICHARD NICKEL ARCHIVE, THE ART INSTITUTE OF CHICAGO.

RICHARD NICKEL
Phyllis Lambert, architect. The Saidye Bronfman Centre, now the Segal Centre for Performing Arts. Montreal, 1967, night view, 1968.

CANADIAN CENTRE FOR ARCHITECTURE, PHYLLIS LAMBERT FONDS, MONTREAL, ARCH250440. COURTESY OF RICHARD NICKEL ARCHIVE, RYERSON AND BURNHAM ART AND ARCHITECTURE ARCHIVES, THE ART INSTITUTE OF CHICAGO. © RICHARD NICKEL ARCHIVE, THE ART INSTITUTE OF CHICAGO.

et d'esthétique, un lien entre le passé et le présent[30]. » Selon Ada Louise, ce n'est qu'à la fin du xxe siècle que les gens ont vraiment commencé à considérer leur lieu de vie comme un environnement : « Il a toujours été là, mais il a enfin été reconnu comme quelque chose de terriblement sensible aux manifestations de la volonté et du jugement, qui ont un impact permanent sur l'état de l'humanité[31]. » En fin de compte, grâce à ses articles, Ada Louise Huxtable réussit à exercer une grande influence, contribuant à l'adoption de lois sur le zonage, aidant à sauver des bâtiments historiques d'une démolition imminente (mais pas tous), et chahutant la réputation de certains architectes[32].

En 1970, Ada Louise reçoit le tout premier prix Pulitzer décerné à une œuvre critique remarquable et, en 1981, obtient une bourse MacArthur pour créateurs d'exception. En 1973, elle est la deuxième femme à être nommée au comité éditorial du *New York Times*. En 1982, Ada Louise profite de sa bourse pour quitter son poste au journal et se consacrer à l'écriture de livres. Plus tard dans sa vie, elle reprend la rédaction d'une chronique régulière en tant que critique d'architecture au *Wall Street Journal*, de 1997 à 2012. Autrice prolifique, elle publia onze livres au cours de sa vie[33].

Ada Louise Huxtable est décédée à New York le 7 janvier 2013, à l'âge de 91 ans.

PHYLLIS LAMBERT (1927 -)

Phyllis Barbara Lambert (née Bronfman) voit le jour à Montréal le 24 janvier 1927. Élevée dans l'une des familles juives les plus riches du Canada, Phyllis est la fille de Samuel Bronfman – homme d'affaires et philanthrope ayant fondé la Distillers Corporation Limited, une société spécialisée dans le whisky bon marché, tirant ainsi parti de la prohibition des boissons alcoolisées aux États-Unis – et de Saidye Roesner Bronfman – une philanthrope. Bronfman passe son enfance avec sa sœur aînée Minda et ses frères cadets Edgar et Charles dans un manoir victorien du chemin du Belvédère, dans le quartier le plus aisé de Montréal. Elle s'y sent prise au piège et son tempérament non conventionnel la pousse rapidement à suivre sa propre voie, grâce à ses talents artistiques.

Après avoir fréquenté The Study, une école indépendante huppée pour filles, Phyllis quitte Montréal et sa famille en 1945, à l'âge de dix-huit ans, pour étudier l'histoire de l'art au Vassar College, dans l'État de New York, où elle obtient une licence en 1948. Un an plus tard, elle épouse Jean Lambert, un consultant économique franco-allemand, et s'installe avec lui à Paris où elle commence à travailler comme artiste. Le couple divorce en 1954, après seulement cinq ans de mariage, et Phyllis reste à Paris, œuvrant en tant que sculptrice dans un appartement situé dans le 14e arrondissement.

she decided to move back to America to help build the Seagram. After touring Europe and America in search of the perfect architect, she chose the 68-year-old Mies van der Rohe, who was hired for the job on 28 October 1954. Four years later, following the completion of the Seagram, Lambert decided to train as an architect herself – first at Yale and later at the Illinois Institute of Technology (IIT).[34] Studying architecture at the end of the 1950s, she was one of only two women at both Yale and IIT. After graduating in 1963, Lambert was commissioned to design the Saidye Bronfman Centre for the Arts, an arts centre built in Montreal named in honour of her mother.

Lambert's career was also linked to the changing form of the city and to forms of urban activism that went beyond taking the street. First, she had a tremendous influence on the urban form of Midtown Manhattan through her involvement in the design of the Seagram Building and, later, through activist work for historic preservation. It was only after the death of her father in 1971 (just two years after the death of her mentor, Mies van der Rohe) that Lambert returned to her home city, Montreal, where she would work as an activist, partly fighting against the dogmas of the modern movement. In 1973 she became director of a group researching Montreal's historical greystone buildings. The same year, scandalised by the savage demolition of the Van Horne Mansion,[35] she took part in the creation of Sauvons Montréal (Save Montreal) and acquired the Shaughnessy House and the surrounding land with the aim of protecting the mansion against demolition while waiting to be able to sell it to a Toronto company wishing to incorporate it into a hotel complex, a project that never came about.[36]

In 1975 she founded Heritage Montreal, an organisation protecting the city's heritage buildings, which she directed from 1975 to 1984. In 1979, with Heritage Montreal, Lambert helped transform the Milton Park neighbourhood into a cooperative led by a community initiative, saving it from the hands of developers. Taking part in what was at the time perceived as an urban guerrilla movement, Lambert was nicknamed 'Joan of Architecture' or 'Our Lady of Restoration'.

In 1979 Lambert founded the Canadian Centre for Architecture (CCA), 'an independent study centre and museum to further the understanding of architecture and to help establish architecture as a public concern'.[37] In 1989 she moved the CCA and its growing collection of architectural drawings, books, photographs and archival materials to a new building, designed by architect Peter Rose, constructed around the saved Shaughnessy House. In 1996 Lambert set up the Montreal Investment Fund, which enabled the renovation of numerous Montreal apartments and buildings to turn them into social housing.

"Phyllis Lambert had always a maybe stronger positioning in thinking - and that is really the mission of the CCA - how to make architecture a public concern. So really to understand how the citizens can be involved in understanding the importance of architecture somehow. Besides the kind of work she has done to preserve part of the city, which would have been demolished otherwise, is the idea of architecture being not just the domain of architects but really to be shared with citizens."

Giovanna Borasi

DIRECTOR OF THE CANADIAN CENTRE FOR ARCHITECTURE, MONTREAL

Interview by Léa-Catherine Szacka, 7 June 2024

"Ada Louise Huxtable, Gae Aulenti and Phyllis Lambert became protagonists in a context in which architecture could help change society, in which the civic space became the environment for the setting of a new discourse on city architecture and freedom. Their generation owned modernism that wasn't any longer exclusively depending on the masters. They acted in conditions revelatory of the conundrum of the myth of modernity."

Maristella Casciato

CURATOR OF ARCHITECTURE, GETTY RESEARCH INSTITUTE, LOS ANGELES

Interview by Léa-Catherine Szacka, 8 July 2024

« Phyllis Lambert a toujours eu en fait un positionnement plus fort sur la manière de faire de l'architecture – et c'est la mission même du CCA – un sujet de société. Sur comment impliquer les citoyens et leur faire comprendre l'importance de l'architecture. Et par ailleurs, le travail qu'elle a fait pour préserver une partie de la ville qui, sinon, aurait été démolie, reflète l'idée d'une architecture qui n'est pas du seul ressort des architectes mais partagée avec les citoyens. »

Giovanna Borasi

DIRECTRICE DU CENTRE CANADIEN D'ARCHITECTURE, MONTRÉAL

Interview de Léa-Catherine Szacka, 7 juin 2024

« Ada Louise Huxtable, Gae Aulenti et Phyllis Lambert sont arrivées sur la scène professionnelle dans un contexte où l'architecture avait le pouvoir de changer la société, où l'espace civique devenait le terreau d'un nouveau discours sur l'architecture urbaine et la liberté qui préparait cet environnement à recevoir de plus larges visions. Leur génération avait absorbé le modernisme, qui ne dépendait plus exclusivement des maîtres. Et elle a exercé dans des conditions révélatrices du dilemme posé par le mythe de la modernité. »

Maristella Casciato

CONSERVATRICE DE L'ARCHITECTURE, GETTY RESEARCH INSTITUTE, LOS ANGELES

Interview de Léa-Catherine Szacka, 8 juillet 2024

La même année, Phyllis, alors âgée de 27 ans, reçoit un courrier de son père l'informant de son projet de construction d'un siège social pour son entreprise à New York. Consternée par la conception du gratte-ciel prévu, Phyllis écrit une longue lettre à son père pour lui demander de reconsidérer son choix. Finalement, elle décide de retourner aux États-Unis pour participer à l'édification du Seagram Building. Après avoir parcouru l'Europe et l'Amérique à la recherche de l'architecte idéal, elle choisit Ludwig Mies van der Rohe, âgé de 68 ans, qui est engagé le 28 octobre 1954. Quatre ans plus tard, après l'achèvement du Seagram, Phyllis se met à suivre elle-même une formation d'architecte, d'abord à Yale, puis à l'Illinois Institute of Technology (IIT)[34]. Après avoir obtenu son diplôme en 1963, Phyllis est chargée de concevoir le Centre Saidye Bronfman, un centre d'art de Montréal nommé ainsi en l'honneur de sa mère.

La carrière de Phyllis est également liée à la métamorphose de la ville et à des formes d'activisme urbain qui vont au-delà de la rue. Tout d'abord, elle a exercé une influence considérable sur la forme urbaine du centre de Manhattan en participant à la création du Seagram Building et, plus tard, en militant pour la préservation des bâtiments historiques. Ce n'est qu'après la mort de son père, Samuel Bronfman, en 1971 (deux ans seulement après la mort de son mentor, Mies van der Rohe) que Phyllis retourne dans sa ville natale, Montréal, où elle travaille comme activiste, s'élevant en partie contre les dogmes du mouvement moderne. En 1973, elle devient directrice d'un groupe de recherche sur les immeubles *greystone* historiques de Montréal. La même année, scandalisée par la démolition sauvage de la maison Van Horne[35], elle participe à la fondation de Sauvons Montréal et acquiert la maison Shaughnessy et les terrains environnants dans le but de protéger la demeure contre la démolition en attendant de pouvoir la vendre à une compagnie torontoise désireuse de l'incorporer à un complexe hôtelier, projet qui n'a jamais vu le jour[36].

En 1975, sur son initiative, est créé Héritage Montréal, un organisme de protection des bâtiments patrimoniaux de la ville, que Phyllis Lambert dirige de 1975 à 1984. En 1979, avec Héritage Montréal, Phyllis aide à transformer le quartier Milton-Parc en une coopérative pilotée par une initiative communautaire, le sauvant ainsi de la main des promoteurs. Prenant part à ce qui était alors perçu comme une guérilla urbaine, Phyllis est surnommée « Jeanne d'architecture » ou « Notre-Dame de la restauration ».

En 1979, Phyllis fonde le Centre canadien d'architecture (CCA), « un centre d'études indépendant doublé d'un musée destiné à promouvoir la compréhension de l'architecture et à l'établir comme un sujet de préoccupation publique[37] ». En 1989, elle installe le CCA et sa collection croissante de

Lambert is a member of France's Ordre des Arts et des Lettres and of the Order of Canada; she is also a knight of the National Order of Quebec. In 2014 she received the Golden Lion for Lifetime Achievement from the Venice Architecture Biennale, and in 2023 she was awarded the Ada Louise Huxtable Prize for Contribution to Architecture. In January 2025 Phyllis Lambert celebrated her 98th birthday. She lives and works in Montreal.

Beyond Biographies: Modernism, Preservation and the Public Realm

While the personal and professional histories of each of our three protagonists is fascinating, this exhibition aims to go beyond single biographies. It crosses the destinies of these women by identifying common themes and consistencies. With the aim of writing an *histoire croisée* (a crossed history),[38] the idea is to see what characterises these women, why they should be looked at and what leitmotifs were at the heart of their work and agency on architecture and the city.

AN AMBIVALENT RELATIONSHIP WITH MODERNISM

In June 1976 Ada Louise Huxtable published an article titled *The Gospel According to Giedion and Gropius Is Under Attack*, which started with an emphatic observation: 'Modern architecture is at a turning point'.[39] In this long text Huxtable explains in great detail what, by the mid-1970s, had happened to modernist ideals. The postmodern turn, which she qualified as a 'counter revolution', meant that the functional and formal purity, as well as the rejection of the past, were debated and denied. Acknowledging that much had changed in the 50 years since the revolutionary advent of modern architecture, she wrote: 'Looking for enrichment, both visually and emotionally, this generation has indulged in a romantic revivalism that accommodates both the most superficial nostalgic kitsch and the most informed historicism. It is an orgy of rediscovery'. She continued: 'The new approach requires skill and carries a high amount of risk. At the same time there is a careful questioning of everything the modern movement has promised and delivered'.[40] While defending modernism, she acknowledged that architecture was at a genuine crossroads, unlike that of any other time in history.[41]

dessins d'architecture, livres, photographies et documents d'archives dans un nouveau bâtiment construit par l'architecte Peter Rose autour de la maison Shaughnessy, sauvée de la démolition. En 1996, Phyllis crée le Fonds d'investissement de Montréal (FIM) qui permet la rénovation de nombreux appartements et bâtiments à Montréal, afin de les transformer en logements sociaux. Phyllis est membre de l'ordre des Arts et des Lettres de France, de l'Ordre du Canada et chevalier de l'Ordre national du Québec. En 2014, elle a reçu le Lion d'or pour l'ensemble de sa carrière à la Biennale d'architecture de Venise et, en 2023, le prix Ada Louise Huxtable pour sa contribution à l'architecture.

En janvier 2025, Phyllis Lambert a célébré son 98e anniversaire. Elle vit et travaille à Montréal.

Au-delà des biographies : modernisme, préservation et domaine public

Si l'histoire personnelle et professionnelle de chacune de nos trois protagonistes est fascinante, cette exposition vise à dépasser les biographies individuelles. Elle croise les destins de ces femmes en identifiant des thèmes communs et des cohérences. Dans le but d'écrire une « histoire croisée[38] », nous examinerons ce qui caractérise ces femmes, pourquoi il faut les étudier et quels leitmotivs ont été au cœur de leur travail et de leur action sur l'architecture et la ville.

UNE RELATION AMBIVALENTE AVEC LE MODERNISME

En juin 1976, Ada Louise Huxtable publie un article intitulé « The Gospel According to Giedion and Gropius is Under Attack » [L'Évangile selon Giedion et Gropius est menacé] qui commence par une observation catégorique : « L'architecture moderne est à un tournant[39]. » Dans ce long texte, Huxtable explique en détail ce qu'il est advenu des idéaux modernistes au milieu des années 1970. Le tournant post-moderne, qu'elle qualifie de « contre-révolution », signifie que la pureté fonctionnelle et formelle ainsi que le rejet du passé ont été débattus et reniés. Prenant acte du fait que les choses ont beaucoup changé au cours des cinquante années écoulées depuis que l'architecture moderne est devenue le nouveau style révolutionnaire, elle écrit : « En quête d'enrichissement tant visuel qu'émotionnel, cette génération a donné

When Aulenti, Huxtable and Lambert started their careers, architecture was ruled by modernism, a style dominated by great men, great monuments and the myth of the architect as a genius. At first they evolved in a world of optimism, where people believed that architecture and design had a powerful and positive role in helping people live better and making the world a better place.[42] But, in the mid to late 1960s, something changed when the so-called great masters of the modern movement all passed away in short succession – Frank Lloyd Wright in 1959, Le Corbusier in 1965, and Van der Rohe, Gropius and Rogers in 1969. Many architects started to criticise the modern movement and a shared concern that the modern city – implemented by central and local governments in the decades following the end of the Second World War – 'was alienating and did not mean anything anymore to those who dwell in it'.[43] Others, like writer and journalist Jane Jacobs (née Butzner, 1916–2006), criticised what they perceived as an increase sense of placelessness, due to a loss of both community and urbanity, and championed new community-based approaches to planning.

In 1958, as Lambert was overseeing the completion of Van der Rohe's seminal Seagram Building and its adjoining plaza, Jacobs received a grant from the Rockefeller Foundation to write her seminal book *The Death and Life of Great American Cities* (1961). According to Lambert, both the Seagram Building and Jacob's book changed public attitudes about the city.[44] Both women's political engagement focused on a series of objectives and methodologies, such as the interest in informing and empowering citizens through architectural reflections able to change public attitudes about cities and their development. Challenging modernist dogmas, Lambert, like Jacobs, favoured bottom-up and participatory approaches to urban planning, as well as an explicit involvement in activist operations against damaging urban policies to increase awareness about the future of societal environments.[45]

Lambert's ambivalent relationship with modernism is also apparent in the buildings she designed or to which she contributed. While her special relationship with her mentor, Van der Rohe, led her to use, in the late 1960s, a purely Miesian aesthetic for the design of the Saidye Bronfman Centre for the Arts, whereas in the 1980s, when commissioning the CCA building to architect Peter Rose, she opted for a very different language. With a juxtaposition of traditional and modern local materials – mainly grey limestone, structural aluminium and maple wood – the building uses an architecture that combines past and present, reusing the historical Shaughnessy House. 'In its design, the CCA building is both siteless – concerned with the taxis of building; with commodity, firmness and beauty – and deeply embedded in its site and in the building tradition of Montreal'.[46]

dans un revivalisme romantique qui s'adapte à la fois au kitsch nostalgique le plus superficiel et à l'historicisme le plus éclairé. C'est une orgie de redécouverte. » Et elle poursuit : « La nouvelle approche exige des compétences et comporte un risque élevé[40]. » Ainsi, tout en défendant le modernisme, elle reconnaît que l'architecture se trouve à un véritable carrefour, comme à aucun autre moment de l'Histoire[41].

À l'époque où Aulenti, Huxtable et Lambert ont débuté leur carrière, l'architecture était régie par le modernisme, un style dominé par de grands hommes, de grands monuments et le mythe de l'architecte comme génie. Initialement, elles ont évolué dans un monde optimiste où l'on croyait que l'architecture et le design jouaient un rôle très puissant et positif pour aider les gens à mieux vivre et rendre le monde meilleur[42]. Mais, entre le milieu et la fin des années 1960, quelque chose a changé lorsque les soi-disant grands maîtres du mouvement moderne sont tous décédés en peu de temps – Frank Lloyd Wright en 1959, Le Corbusier en 1965, et Mies van der Rohe, Gropius et Rogers en 1969. De nombreux architectes ont commencé à remettre en question le mouvement moderne, exprimant une préoccupation commune selon laquelle la ville moderne – mise en œuvre par les gouvernements centraux et locaux dans les décennies d'après la Seconde Guerre mondiale – « était aliénante et ne signifiait plus rien pour ceux qui l'habitaient[43] ». D'autres, ainsi que l'écrivain et journaliste Jane Jacobs (née Butzner, 1916 – 2006), ont critiqué ce qu'ils percevaient comme un sentiment de déracinement croissant, causé par la double désagrégation du tissu social et urbain, et défendu une nouvelle approche de la planification s'appuyant sur la notion de communauté.

En 1958, alors que Phyllis Lambert supervisait l'achèvement du si novateur Seagram Building et sa Plaza de Mies van der Rohe, Jacobs reçut une subvention de la Fondation Rockefeller pour écrire son livre phare, *Déclin et survie des grandes villes américaines* (1961). Selon Lambert, le Seagram Building et le livre de Jacobs ont tous deux changé l'attitude du public à l'égard de la ville[44]. L'engagement politique des deux femmes s'est concentré sur une série d'objectifs et de méthodologies tels que l'intérêt d'informer et de responsabiliser les citoyens par le biais de réflexions architecturales capables de changer les attitudes du public à l'égard des villes et de leur développement. Remettant en cause les dogmes du modernisme, Lambert, comme Jacobs, a favorisé des approches ascendantes et participatives de la planification urbaine, ainsi qu'une implication explicite dans des opérations militantes contre des politiques urbaines néfastes, afin de sensibiliser le public au futur milieu de vie des sociétés[45].

La relation ambivalente de Lambert avec le modernisme se lit aussi à travers les bâtiments qu'elle a signés ou contribué à créer. Bien que son

Aulenti, who had considered Ernesto N. Rogers as her spiritual padre ('father'),[47] was clearly 'part of this moment of rethinking the modern experience, and the idea to start to operate in a very different way and a very different context'.[48] Aulenti was undoubtedly the most postmodern of the three protagonists, a label that she owes mainly to her work on the Musée d'Orsay, a project characterised by historicism and by a desire to connect present-day technologies with the richness of the past. Yet, according to *The New York Times*, Aulenti 'consider[ed] her work to be in the modernist vein', and some of her projects – such as her redesign of the Centre Pompidou's permanent gallery – follow a straightforward modern style.[49]

Aulenti's, Huxtable's and Lambert's long careers meant that they found themselves caught between modernism and postmodernism, showing signs of ambivalence around the 1970s and 1980s, a period during which their own certainty towards a style they had so clearly endorsed began to be shaken. As highlighted by historian and former MoMA chief curator Barry Bergdoll, this changing attitude can be clearly read in Lambert and Huxtable's longtime relation to the work of Mies van der Rohe:

Fascinatingly, both Phyllis Lambert and Ada Louise Huxtable we might say came of age architecturally very much in support of Mies van der Rohe. [. . .] But that was an extraordinary coincidence between Phyllis Lambert's coming into architecture through her appreciation of very strong personality, but also the strong architectural language, the strong commitment of architecture, her sense of excitement that Mies van der Rohe represented something fundamental about architecture. And Ada Louise Huxtable actually serving in a sense as the spokespersons for Mies by translating his thought into the texts that accompanied the 1947 exhibition. [. . .] And I think from the first, they saw in Mies van der Rohe not simply an architecture project but an urban project. And they followed both his tendency and the criticisms of it that begin to emerge.[50]

A PIONEERING WORK FOR HISTORICAL PRESERVATION

In the early 20th century, women played a crucial role in the birth of the historic preservation movement, and many of these women were also 'linking preservation with good urban placemaking in general'.[51] For example, Susan Pringle Frost's (1873–1960) leadership was instrumental in the creation and adoption, in 1931, of the world's first zoning ordinance explicitly dedicated to

lien très fort avec son mentor Mies van der Rohe l'ait amenée, à la fin des années 1960, à favoriser une esthétique purement miesienne pour la conception du Centre Saidye Bronfman, elle a opté, dans les années 1980, pour un langage très différent lorsqu'elle a commandé le bâtiment du CCA à l'architecte Peter Rose. Avec une juxtaposition de matériaux locaux traditionnels et modernes – en particulier de la pierre calcaire grise, de l'aluminium de construction et du bois d'érable –, le bâtiment propose une architecture entre passé et présent, réutilisant un bâtiment historique (la maison Shaughnessy). « La conception architecturale du CCA est à la fois hors site – soucieuse des principes fondamentaux de commodité, fermeté et rythme – et profondément ancrée dans son site et dans la tradition de construction à Montréal[46]. » Gae Aulenti, pour qui Ernesto N. Rogers représentait son padre (père spirituel)[47], « participait pleinement à ce moment de réévaluation de l'expérience moderne amenant l'idée de fonctionner autrement dans un contexte très différent[48] ». Aulenti était sans aucun doute la plus post-moderne des trois protagonistes. Elle doit en grande partie cette étiquette à son travail sur le musée d'Orsay, un projet caractérisé par l'historicisme et le désir de relier les technologies actuelles à la richesse du passé. Pourtant, selon le *New York Times*, Aulenti « considérait son travail comme étant dans la veine moderniste » et certains de ses projets – tels que son réaménagement de la galerie permanente du Centre Pompidou – adoptent un style ouvertement moderne[49].

Du fait de leurs longues carrières, Aulenti, Huxtable et Lambert se sont retrouvées tiraillées entre modernisme et post-modernisme, montrant des signes d'ambivalence autour des années 1970-1980, une période au cours de laquelle leur solide attachement au modernisme commençait à être ébranlé. Ainsi que le souligne l'historien et ancien conservateur en chef du MoMA Barry Bergdoll, « C'est un fait remarquable, Phyllis Lambert et Ada Louise Huxtable ont toutes deux construit leur éducation architecturale sur leur admiration de Mies van der Rohe. [...] Cette influence de Mies est une extraordinaire coïncidence. D'un côté, Phyllis Lambert se forme à l'architecture à travers cette personnalité au langage architectural très fort, à l'engagement passionné, convaincue que Mies van der Rohe représentait quelque chose de fondamental en architecture. De l'autre, Ada Louise Huxtable devient une sorte de porte-parole de Mies en traduisant sa pensée en textes remarquables qui ont accompagné l'exposition de 1947. [...] Je pense que d'emblée, toutes deux ont vu dans le travail de Mies van der Rohe non seulement un projet d'architecture, mais un projet urbain. Elles ont à la fois suivi puis interrogé ses préceptes, quand les critiques ont commencé à se faire jour[50] ».

historic preservation.[52] Indeed, scholars have recently shown how politicised women's voices[53] were at the roots of the modern historic preservation movement. The interest in historical architecture and in the continuity of the built environment, coupled with a strong belief in the value and necessity of historical preservation, is another common theme that linked the destinies of Aulenti, Huxtable and Lambert. In the 1950s and 1960s, sentiment concerning the preservation of old buildings was fuelled by a growing fight against urban renewal and its systematic clearing out of areas in inner cities in favour of new housing, businesses and other developments.[54] For scholar Mary McLeod 'both Ada Louise Huxtable and Phyllis Lambert were very important forces in preservation, and in preservation not just in monuments but, of course, in

UN TRAVAIL PIONNIER EN MATIÈRE DE PRÉSERVATION HISTORIQUE

Phyllis Lambert et son père, Samuel Bronfman, 1955 (tirage à la gélatine argentique, 20,3 × 25,5 cm)

CENTRE CANADIEN D'ARCHITECTURE, FONDS PHYLLIS LAMBERT, MONTRÉAL, PLPH005.053. © D.R.

Phyllis Lambert and her father, Samuel Bronfman, 1955 (gelatin silver print, 20,3 × 25,5 cm)

CANADIAN CENTRE FOR ARCHITECTURE, PHYLLIS LAMBERT FONDS, MONTREAL, PLPH005.053. © D.R.

Au début du xxe siècle, les femmes ont joué un rôle crucial dans la naissance du mouvement de préservation du patrimoine bâti et nombre d'entre elles ont par ailleurs « établi un lien entre la préservation et l'aménagement urbain en général[51] ». Par exemple, le leadership de Susan Pringle Frost (1873 – 1960) a été déterminant dans la création et l'adoption, en 1931, de la première ordonnance de zonage au monde explicitement vouée à protéger des bâtiments[52]. En effet, des chercheurs ont montré, il y a peu, le rôle crucial des voix de femmes politisées[53] dans l'avènement du mouvement moderne de préservation patrimoniale. L'intérêt pour l'architecture historique et pour la continuité du bâti, associé à la conviction de la valeur et la nécessité de les conserver, est un autre fil conducteur reliant les destins d'Aulenti, Huxtable et Lambert.

Dans les années 1950 et 1960, on a assisté à l'émergence d'un fort attachement aux bâtiments anciens, alimenté par une lutte croissante contre la rénovation urbaine et son nettoyage systématique des quartiers de centre-ville au profit de nouveaux logements, d'entreprises et d'autres développements[54]. Pour l'universitaire Mary McLeod, « Ada Louise Huxtable et Phyllis Lambert ont toutes deux agi de façon déterminante pour la préservation non seulement de bâtiments mais du tissu urbain dans son ensemble[55] ». Ces femmes ont toutefois utilisé chacune un outil différent dans leur défense des bâtiments historiques et du tissu urbain.

Pour justifier leur conservation, Huxtable arguait que les vieux bâtiments « contribuent de manière vitale au paysage urbain[56] ». Elle était par ailleurs très soucieuse de la protection des parcs, s'opposant à l'édification de monuments privés dans leur enceinte. Entre 1961 et 1965 (avant l'adoption de la City Landmarks Law de New York, en 1965), elle écrivit une vingtaine d'articles sur la protection patrimoniale. Ces chroniques – écrites d'une plume acérée, puissante et souvent pleine d'esprit – se concentraient sur des bâtiments particuliers et sur le tissu urbain[57]. Elle se lança en campagne pour la préservation de bâtiments dans les années 1960 et son action prit une nouvelle ampleur lorsqu'elle s'opposa fermement à la démolition de Pennsylvania Station. Hélas, la bataille pour sauver la station fut perdue et, dans son adieu à la gare colossale, Huxtable écrivit : « Des obstacles monumentaux presque aussi

urban fabric as a whole'.[55] Each of these women, however, used different tools in their defence of historical buildings and the fabric of the city.

Huxtable championed preservation because she believed old buildings 'contributed vitally to the cityscape'.[56] She was equally concerned about parks; she was opposed to private monuments on parkland. Between 1961 and 1965 (before the adoption of New York's City Landmarks Law in 1965) she wrote some 20 pieces about preservation. These editorials – sharp, powerful and often witty – focused on individual buildings and the fabric of the city.[57] In the 1960s she started actively campaigning for preservation, and her work started to gain momentum when she strongly opposed the demolition of Penn Station. However, the battle to save Penn Station was lost and, in her farewell to the grand monument, Huxtable wrote:

Monumental problems almost as big as the building itself stood in the way of preservation; but it is the shame of New York, of its financial and cultural communities, its politicians, philanthropist and planners, and of the public as well, that no serious effort was made. A rich and powerful city, noted for its resources of brains, imagination and money, could not rise to the occasion. The final indictment is of the values of our society.[58]

In 1976 Huxtable wrote:

Neighborhood conservation has become a priority in cities everywhere based on a growing recognition of the value of community and its roots in the history and amenity of the historical setting. In a complex and still-evolving national about-face, bulldozer speculation has been slowed less by recession than by the concept of neighbourhood, an idea and reality evolving through the innovative use of a variety of legal, government, and architectural tools that never existed before.[59]

Lambert was also crucial for a new approach to the historical fabric of the city in North America.[60] In the 1970s, when returning to Montreal after years abroad, Lambert used her patronage, activism and power in the city. She started by documenting the city: 'because at the time, we were demolishing everywhere. [. . .] So, I wanted to actually show that there were fantastic buildings in Montreal. I wasn't doing this for conservation, I was really doing this to understand how a city grows'.[61] Following this phase of exploration – a phase that is in fact still ongoing – she wielded her power by forming organisations and, later, building an institution. Like Huxtable, Lambert understood preservation not as collecting objects but as something that went hand in hand with the public and with a certain form of education. It is about preserving 'elements of a city that would be rich by its palimpsest of different periods, of different approaches to the creation of public space'.[62]

importants que le bâtiment lui-même se sont dressés contre sa préservation ; mais c'est la honte de New York, de ses communautés financières et culturelles, de ses politiciens, philanthropes et planificateurs, ainsi que du public, qu'aucun effort sérieux n'ait été consenti. Une ville riche et puissante, réputée pour ses ressources en cerveaux, en imagination et en argent, n'a pas su se montrer à la hauteur de la situation. En définitive, ce sont les valeurs de notre société qui sont mises en cause[58]. »

En 1976, elle soulignait : « La préservation des quartiers est devenue une priorité dans toutes les villes, car on reconnaît de plus en plus la valeur de la communauté et de ses racines liées à l'agrément du cadre historique. Dans le cadre d'un revirement national complexe et encore en cours, la spéculation des bulldozers a été ralentie moins par la récession que par le concept de quartier, une idée et une réalité qui évoluent grâce à l'utilisation innovante d'une variété d'outils juridiques, gouvernementaux et architecturaux qui n'existaient pas auparavant[59]. »

Phyllis Lambert a d'autre part joué un rôle crucial dans la nouvelle approche du tissu historique de la ville en Amérique du Nord[60]. Dans les années 1970, de retour à Montréal après des années passées à l'étranger, Mme Lambert a développé son mécénat, son activisme et son influence au sein de la ville. Pour ce faire, elle a commencé par la documenter : « [...] parce qu'à l'époque, on démolissait partout. [...] Je voulais donc montrer qu'il y avait des bâtiments fantastiques à Montréal. Je ne le faisais pas dans un but de préservation mais pour comprendre comment une ville grandit[61]. » Après cette phase d'exploration – une phase qui est en fait toujours en cours, elle exerça son pouvoir en formant des organisations et, plus tard, en bâtissant une institution. De la même façon qu'Huxtable, Lambert ne conçoit pas la conservation patrimoniale comme une collection d'objets, mais comme une activité qui va de pair avec le bien public et une certaine forme d'éducation. Il s'agissait de préserver « les éléments d'une ville au riche palimpseste de différentes époques et différentes approches d'aménagement de l'espace public[62] ».

Les projets architecturaux d'Aulenti consistent souvent à « réaménager des espaces qui ont leur propre histoire[63] ». Par conséquent, si elle n'a pas directement milité pour la conservation des bâtiments, l'architecte italienne a été une pionnière en termes de préservation historique, proposant des solutions innovantes, entre autres pour transformer des structures historiques en lieux de culture et d'exposition. Elle est célèbre pour la rénovation de la gare d'Orsay, mais a également modifié de nombreux autres édifices, tels que le Palazzo Grassi à Venise en 1983, les Scuderie Papali (les écuries papales) sur la piazza del Quirinale en 1998 et le musée d'Art de Catalogne en 2004.

Aulenti's architectural projects often involved 'retooling spaces that come with their own histories'.[63] Therefore, if not directly an activist for building conservation, the Italian architect was a pioneer in terms of historic preservation, proposing innovative solutions, especially for transforming historical structures into places of culture and display. She is famous for the renovation of the Gare d'Orsay but also transformed many other structures, such as the Palazzo Grassi in Venice in 1983, the Scuderie Papali in Piazza del Quirinale in 1998, and the Museu Nacional d'Art de Catalunya in 2004.

A RE-EVALUATION OF THE PUBLIC REALM

In her 1996 essay 'Claiming the Public Space: The Mothers of Plaza de Mayo', Susana Torre writes about 'women's leadership in organizations rebuilding communities and neighbourhoods'.[64] The Mother, an Argentine human rights association formed to find the *desaparecidos* (the victims of enforced disappearance, who were secretly arrested and killed in Argentina during the military dictatorship of General Videla) began demonstrating in Plaza de Mayo, a major public square in Buenos Aires on 30 April 1977. 'As a class', Torre writes, 'women share the problematic status of politically or culturally colonized populations'.[65] It is therefore through a spatial and urban appropriation of the 'space of public appearance', what Hannah Arendt has called 'the symbolic realm of social representation, which is controlled by the dominant political or economic structures of society', that women emerged as active, transformative subjects.[66] The story of Plaza de Mayo relates both to the public as a living, acting and self-determining community and to the public as a physical space.[67] Fighting for architecture as public realm, both through public discourse and the actual production of physical space, is the third and last common thread linking Aulenti, Huxtable and Lambert.

All three women presented in this exhibition saw architecture as an intellectual discipline that could be discussed in private spaces, such as in the editorial room of the magazine *Casabella-Continuità* in Milan in the 1950s and 1960s, in the living room of Aulenti's house-studio in Brera, as well as in public spaces, for example, the pages of a newspaper or the rooms of a museum. As recalled by critic Alexandra Lange, Huxtable, with her regular column in the newspaper, 'created a position of talking about architecture to the widest possible audience [. . .] a public, broadbased, kind of humanistic space for the discussion of architecture as one of the most important things happening in cities'.[68] If architectural criticism had existed before the late 20th century, it 'had never been institutionalised to the same degree as the practice

UNE RÉÉVALUATION DU DOMAINE PUBLIC

Dans son article de 1996 intitulé « Claiming the Public Space. The Mothers of Plaza de Mayo [Revendiquer l'espace public. Les Mères de la place de Mai] », Susana Torre évoque le « rôle leader des femmes dans les associations de reconstruction des communautés et des quartiers[64] ». Les Mères de la place de Mai, association argentine de défense des droits de l'homme créée pour retrouver les desaparecidos (les victimes de disparition politique, secrètement arrêtées et assassinées en Argentine pendant la dictature militaire du général Videla), ont commencé à manifester sur la place de Mai, une grande place publique de Buenos Aires, le 30 avril 1977. « En tant que classe, écrit Torre, les femmes partagent le statut problématique de populations politiquement ou culturellement colonisées[65]. » C'est donc à travers une appropriation spatiale et urbaine de « l'espace de présence publique » – ce que Hanna Arendt appelait le domaine symbolique de la représentation sociale –, espace contrôlé par les structures politiques ou économiques dominantes de la société, que les femmes ont fusionné en qualité de sujets actifs et transformateurs[66]. L'histoire de la place de Mai se rapporte à la fois au public en tant que communauté vivante, agissante et autodéterminée et au public en tant qu'espace physique[67]. Défendre l'architecture comme bien commun, à la fois par le biais de la parole médiatique et de la production concrète d'espaces physiques, est le troisième et dernier point commun entre Aulenti, Huxtable et Lambert.

Les trois femmes présentées dans cette exposition concevaient l'architecture comme une discipline intellectuelle susceptible d'être débattue dans des espaces privés – que ce soient la salle de rédaction de la revue *Casabella-Continuità* dans le Milan des années 1950-1960 ou le salon de la maison-atelier d'Aulenti à Brera – ou bien dans des espaces publics tels que les pages d'un journal ou les salles d'un musée. Comme le rappelle la critique Alexandra Lange, grâce à sa chronique de journal régulière, Huxtable « a créé une position permettant de parler architecture au plus grand nombre, [...] un espace de discussion citoyen, humaniste, sur l'architecture en tant que phénomène majeur affectant les villes[68] ».

Si la critique architecturale existait déjà avant le XXe siècle, « elle n'avait pas été institutionnalisée au même degré que la pratique de l'architecture. De ce fait, les femmes pouvaient acquérir une stature, une influence et une reconnaissance bien plus grandes comme critiques qu'en tant que designers[69] ». La prise de parole d'Huxtable, ainsi que celles d'Aulenti et de Lambert, ont éveillé la conscience des décideurs et de la population dans son ensemble[70].

« Il me semble intéressant de souligner que, très tôt, Ada Louise Huxtable et Phyllis Lambert n'ont vu aucune contradiction entre la modernisation de la ville, l'adoption d'un idiome moderniste fort en architecture, et la préservation de ces bâtiments que le premier modernisme avait critiqués comme traditionnels, figés dans la culture académique de la fin XIXe, début du XXe siècle. Pour elles, il n'y avait là aucune contradiction, et je les admire déjà énormément pour cela. »

Barry Bergdoll

PROFESSEUR D'HISTOIRE DE L'ART ET ARCHÉOLOGIE, COLUMBIA UNIVERSITY, NEW YORK

Interview de Léa-Catherine Szacka, 15 mai 2024

Aulenti, Huxtable et Lambert ont par ailleurs très tôt défendu l'idée d'un engagement citoyen dans la création de la ville, d'une part, sous forme de lieux ouverts à tous, d'autre part, sous forme d'un espace d'expression publique[71]. Aulenti était d'un point de vue politique engagée, d'abord à travers sa participation au groupe Collettivo di Architectura et plus tard, son compagnonnage avec les Parti communiste italien (PCI) et Parti socialiste italien (PSI), tout en étant au cœur des cercles intellectuels de Milan. La discussion entre professionnels et avec le public était fondamentale pour Lambert qui, à la fin des années 1970, fondait le CCA, à la fois comme musée et espace public de débat, une extension directe de l'action de préservation patrimoniale qu'elle menait à Montréal. De façon similaire, en travaillant sur des projets muséographiques, un des domaines non investis par les architectes masculins et qui avait acquis ses lettres de noblesse, Aulenti put concevoir de vastes salles d'expositions, arènes publiques et lieux de débat et d'éducation, tout comme Huxtable l'avait fait dans les médias.

Dans son ouvrage de 1976, *Kicked a Building Lately?*, notant certains changements positifs à New York, Huxtable écrivait : « On s'aperçoit que l'infrastructure de la ville est aussi sensible au design. Les New-Yorkais ont tranquillement applaudi une petite explosion d'esplanades, de passages, de verdure et d'endroits où s'asseoir (il nous en faudrait bien plus encore). Une révision soigneuse des réglementations de zonage a transformé des espaces stériles en exemples de plus en plus agréables et savants d'expertise en matière d'urbanisme[72]. » D'une manière plus concrète, c'est par la conception d'espaces urbains physiques favorisant les échanges et les rencontres que Lambert, avec le Seagram, et Aulenti, avec son projet pour la Piazzale Cadorna à Milan, ont créé des espaces civils capables de devenir « un environnement propice à la mise en place d'un nouveau discours sur l'architecture urbaine et la liberté[73] ». Selon Maristella Casciato, conservatrice d'architecture au Getty Research Institute, si la Piazzale Cadorna n'était au départ qu'un espace où circulaient les voitures, l'intervention d'Aulenti a créé un « lieu » dans la ville. « Je pense que la commande passée à Claes Oldenburg pour la sculpture centrale renforce cet effet et a parfaitement réussi à faire de la Piazzale un lieu identifiable[74]. »

Entreprendre au féminin : féminisme, maternité et pouvoir

Aulenti, Huxtable et Lambert appartenaient à une génération intéressante, située entre deux vagues du féminisme : d'abord, le mouvement des suffragettes,

of architecture, and that meant that women were able to achieve a stature, influence and recognition much larger as critics that they might have had as designers'.[69] Huxtable's discourse, as well as those of Aulenti and Lambert, affected the consciousness of decision makers and the public at large, influencing some of the decisions that gave shape to the evolving physical landscape.[70] Aulenti, Huxtable and Lambert were also defenders, early on, of the idea of public engagement in the creation of the city, not only public spaces but also a place for the public voice.[71] While Aulenti was engaged in politics, first through her involvement with the group Collettivo di Architettura and later through her close association with the Italian Communist party (PCI) and the Italian Socialist Party (PSI), she was also at the heart of Milan's intellectual circles. Discussion among professionals and with the public was fundamental to Lambert who, in the late 1970s, created the CCA, as both museum and a public space for debate, as a direct extension of her action of preservation in the city of Montreal. Similarly, Aulenti, later in her life, by working on museology projects, one of the fields not previously invested by the male architects and which had acquired its letters of nobility, had the chance of creating big exhibition halls as public arena and places for debate and education, just like what Huxtable was doing in the media.

In her 1976 book *Kicked a Building Lately?*, Huxtable, noting some positive changes in New York, writes: 'One finds that the infrastructure of the city is also responding to design. New Yorkers have quietly celebrated a small explosion of plazas, passageways, greenery, and places to sit (we need much, much more). Carefully reworked zoning regulations have transformed sterile spaces into increasingly pleasant and knowing demonstrations of urban design expertise'.[72] In a more concrete way, it was by the design of physical urban spaces for exchanges and encounters that both Lambert, with the Seagram, and Aulenti, with her project for Piazzale Cadorna in Milan, created civic spaces that could become 'the environment for the setting of a new discourse on city architecture and freedom'.[73] According to Maristella Casciato, curator of architecture at the Getty Research Institute, if the Piazzale Cadorna was just a space where cars were passing, Aulenti's intervention created a 'place' in the city. 'I think that the commission to artist Claes Oldenburg for the sculpture adds to this and was very successful in making the Piazzale recognizable as a place'.[74]

Female Agency: Feminism, Motherhood and Power

Sandwiched between the first wave of feminism starting in the late 19th century – during which women aimed for civic equality, changes in working conditions

"I think it is interesting to perhaps postulate that both Ada Louise Huxtable and Phyllis Lambert very early on saw no contradiction between an embrace of the modernisation of the city, of a strong modernist idiom in architecture, and the preservation of precisely those buildings that early modernism had polemically critiqued as traditional, being stuck in the academic culture of the late 19th and early 20th century. For them, there was no contradiction, and for this I admire them greatly."

Barry Bergdoll

PROFESSOR OF ART HISTORY AND ARCHAEOLOGY, COLUMBIA UNIVERSITY, NEW YORK

Interview by Léa-Catherine Szacka, 15 May 2024

and the right to education for girls and women – and the second wave of feminism in the 1960s – during which activists marched in the streets to denounce patriarchy as a system of oppression and made claims for sexual liberation and the right to birth control – was the generation of Aulenti, Huxtable and Lambert.[75] Yet none of them openly called themselves feminists. According to Barry Bergdoll, all three women had strong personalities and navigated a man's world with a certain ease. Yet they were solo agents, rather than being part of a larger group or engaging in reflection on sisterhood by carving out a place and a voice for other women. For example, in 1974, Huxtable refused to join a famous lawsuit by a group of women against *The New York Times* for discrimination:[76] 'She did her own work and helped her own position but wasn't necessarily helpful to others'.[77] When asked about feminism in a television interview,[78] Aulenti described her attitude in terms of going in depth in any project she had to deal with. She called this a 'feminist condition', which she described with preferring knowledge to power.[79]

In a way we could say that Aulenti, Huxtable and Lambert did not think of themselves as women, so much as simply asserting their own self-confidence.[80] 'I always thought men and women were the same and I didn't see why there was any special difference. But that is because I was privileged',[81] says Lambert. If Huxtable always had a feminine look, Aulenti and Lambert (in some periods of her life) almost acted as if they wanted to be more man than a man. 'They operated in years where they had to work very hard to be women and be also independent women. And I think the way they did it was through the idea that you should not even talk about it'. [82] All three women's relationship to motherhood (or non-motherhood) was probably also determinant in their path to success. When asked about her role as the first architecture critic for an American newspaper, Huxtable replied: 'I invented the job. It was just something inside of me I wanted to do', and later added: 'I didn't have children. If I had children, it would have been an entirely different thing'.[83]

Finally, all three women were influential voices connected or backed by powerful institutions or organisations. Aulenti, despite her declared appetite for knowledge over power, was backed by some of the most influential Italian industrial families (such as those running Fiat and Olivetti), with whom she had long collaborations. Huxtable was writing for the most important newspapers in America, and institutional backing that was not incidental to how her work was received and how she was able to operate. A sign of this was the June 1968 cartoon by Alan Dunn published in *The New Yorker*. The drawing, showing a building site with only a single steel column erected (probably in Manhattan) with two men – one holding plans, the other holding

lancé à la fin du XIXe siècle, réclamant l'égalité civique, des changements dans les conditions de travail et le droit à l'éducation pour les filles et les femmes ; puis, la deuxième vague féministe qui, dans les années 1960, est descendue dans la rue pour dénoncer le système d'oppression patriarcal et revendiquer la libération sexuelle ainsi que le droit à la régulation des naissances[75]. Pourtant, Aulenti, Huxtable et Lambert ne se disaient pas ouvertement féministes. Selon Barry Bergdoll, elles avaient de fortes personnalités et naviguaient dans un monde d'hommes avec une certaine aisance. Elles ont agi de façon individuelle plutôt qu'au sein d'un groupe plus large, sans beaucoup s'engager non plus dans une réflexion sur la sororité en soutenant les ambitions ou la voix d'autres femmes. Par exemple, en 1974, Huxtable a refusé de se joindre à un célèbre procès pour discrimination intenté par un groupe de femmes contre le *New York Times*[76]. « Elle s'est occupée de son travail, a servi ses propres intérêts et n'a pas nécessairement aidé les autres[77]. » Interrogée sur le féminisme lors d'une interview à la télévision[78], Aulenti, a quant à elle, dépeint son attitude en termes d'approfondissement de tout projet qu'elle avait à traiter. Elle a appelé cela « condition féministe » – la décrivant comme le fait de préférer le savoir au pouvoir[79].

Dans un sens, on peut dire qu'Aulenti, Huxtable et Lambert, plutôt que de se considérer en tant que femmes, affirmaient simplement leur propre confiance en elles[80]. « J'ai toujours pensé que les hommes et les femmes étaient pareils et je ne voyais pas pourquoi il y avait une différence particulière. Mais c'est parce que j'étais privilégiée[81] », dit Lambert. Si Huxtable a toujours eu une apparence très féminine, Aulenti et Lambert (à certaines périodes de leur vie) se comportaient presque comme si elles voulaient être plus homme qu'un homme. « Elles opéraient à une époque où elles devaient travailler très dur pour s'affirmer en tant que femmes actives et indépendantes. Et je pense qu'elles y sont arrivées en se disant qu'il ne fallait même pas en parler[82]. » Très probablement, la relation des trois femmes avec la maternité (ou la non-maternité) a également joué un rôle déterminant dans leur parcours vers le succès. Interrogée sur sa fonction de première critique d'architecture pour un journal américain, Huxtable répondait : « J'ai inventé ce métier. C'était juste quelque chose en moi que je voulais accomplir. » Avant d'ajouter : « Je n'ai pas eu d'enfants. Si j'avais eu des enfants, cela aurait été tout à fait différent[83]. »

Enfin, ces trois femmes étaient des voix influentes liées à de puissantes institutions ou associations. Malgré son appétit déclaré pour le savoir plutôt que le pouvoir, Aulenti était soutenue par certaines des familles industrielles italiennes les plus importantes (telles que celles qui dirigent Fiat et Olivetti) avec lesquelles elle établit de longues collaborations. Huxtable, elle, écrivait pour les

a newspaper – was accompanied by the punchline 'Ada Louise Huxtable already doesn't like it!'[84] Moreover, Huxtable became so influential that she was offered important political positions such as San Francisco's planning director and the role of city planning commissioner of New York, but politely declined both offers.[85] Lambert, on the other hand, created the CCA, her own institution – now one of the most important voices in architecture and one with much resonance internationally – from which she could operate and assert her power.

In *The Second Sex*, Simone de Beauvoir writes: 'It is through work that the woman has largely overcome the distance which separated her from the male; it is work alone that can ensure her concrete freedom'.[86] Like Beauvoir, the women presented in this exhibition had in common a desire to exist for themselves, to break with existing models, to attain freedom for themselves and to control their own destiny.[87] Yet it was their privileged background, their institutional backing and an innovative and somewhat unconventional vision of what architecture could be that allowed them to stand out as pioneers and mark the architectural history of the late 20th century.

LÉA-CATHERINE SZACKA is associate professor in architecturavl studies at the University of Manchester and director of the Manchester Architecture Research Group. Since 2024, she has served as vice president of the European Architectural History Network. Szacka is the author of *Exhibiting the Postmodern: The 1980 Venice Architecture Biennale* (2016) and of *Biennials/Triennials: Conversations on the Geography of Itinerant Display* (2019). She is also co-author of *Le Concert: Pink Floyd à Venise* (2017) and *Paolo Portoghesi: Architecture Between History, Politics and Media* (2023), as well as co-editor of *Mediated Messages* (2018). In 2022, she co-curated the 10th International Architecture Biennale Rotterdam.

journaux les plus importants d'Amérique, bénéficiant d'un appui institutionnel qui n'était pas étranger à la façon dont son travail était reçu et à sa liberté d'action. En témoigne la caricature d'Alan Dunn publiée en juin 1968 dans le *New Yorker*. Le dessin montre un chantier avec une seule colonne d'acier érigée (probablement à Manhattan) entre deux hommes ; l'un (l'architecte) tient des plans, l'autre un journal, avec le commentaire : « Zut, Ada Louise Huxtable ne l'aime déjà pas[84] ! » Huxtable était devenue si influente qu'on lui proposa d'éminents postes politiques, tels que directrice de l'urbanisme de San Francisco et commissaire à l'urbanisme de New York, mais elle déclina poliment les deux offres[85]. Lambert, en revanche, créa sa propre institution, le CCA – aujourd'hui l'une des voix les plus fortes dans le domaine de l'architecture, à la résonance internationale – à partir de laquelle elle pouvait agir et affirmer son pouvoir.

Dans *Le Deuxième Sexe*, Simone de Beauvoir écrit : « C'est par le travail que la femme a en grande partie franchi la distance qui la séparait du mâle ; c'est le travail qui peut seul lui garantir une liberté concrète[86]. » Comme de Beauvoir, chacune des femmes présentées dans cette exposition avait ce désir commun d'exister pour soi, de rompre avec les modèles établis, de se trouver libre et de maîtriser sa vie[87]. Pourtant, ce sont leurs origines privilégiées, leur soutien institutionnel et leur vision innovante et non conventionnelle de ce que pouvait être l'architecture qui leur ont permis de s'imposer comme des pionnières et de marquer l'histoire de la fin du XXe siècle.

LÉA-CATHERINE SZACKA est professeur associé en études architecturales à l'université de Manchester et directrice du Manchester Architecture Research Group (MARG). Depuis 2024, elle est vice-présidente du Réseau européen d'histoire de l'architecture (EAHN). Szacka est l'auteur de *Exhibiting the Postmodern. The 1980 Venice Architecture Biennale* (2016) et de *Biennials/Triennials. Conversations on the Geography of Itinerant Display* (2019). Elle est également co-auteur de *Le Concert. Pink Floyd à Venise* (2017) et *Paolo Portoghesi. Architecture Between History, Politics and Media* (2023) et co-éditrice de *Mediated Messages* (2018). En 2022, elle est co-commissaire de la 10e Biennale internationale d'architecture de Rotterdam.

The Seagram Building and Plaza

New York
1958

Le Seagram Building et sa Plaza

New York
1958

On 28 June 1954, Phyllis Lambert, then a 27-year-old artist, newly divorced and living in Paris, wrote an eight-page letter to her father, Samuel Bronfman, president of the Canadian holding company Distillers Corporation - Seagrams Limited. In the passionate missive, she strongly advocated for the abandonment of the outlined plans for a New York skyscraper that was meant to host the headquarters of her father's company, a design that the young Lambert found horrifying. She wrote:

You must put up a building which expresses the best of the society in which you live, and at the same time your hopes for the betterment of this society. You have a great responsibility, and your building is not only for the people of your companies, it is much more for all people, in New York and the rest of the world.[88]

As a result of the letter, Bronfman asked his daughter to come back to America and choose an architect. With the help of Philip Johnson, she made a shortlist of possible candidates for the job. The list included Eero Saarinen, Marcel Breuer, Pietro Belluschi, Walter Gropius, Louis Kahn, Paul Rudolph, I. M. Pei, Minoru Yamasaki, Frank Lloyd Wright, Le Corbusier and Mies van der Rohe. After she selected Van der Rohe as the architect, Lambert acted as director of planning for the project, along with a salary. Her job was to make sure Mies built the building he wanted to.

The Seagram Building, a 38-storey office tower located at 375 Park Avenue, between 52nd and 53rd Streets, in Midtown Manhattan, was designed by Van der Rohe and Philip Johnson. It was built between 1955 and 1958 at a cost of $43 million, an astronomical sum at the time. Influential in the 1960s, the building became a prototype for an American high-rise commercial style[89] and was described by architecture critic Herbert Muschamp as 'the millennium's most important building'.[90]

One of the particularities of the building is that it is set back from Park Avenue to leave room for its pink-granite public plaza with two fountains. Raised three steps above the sidewalk along Park Avenue, Van der Rohe designed the plaza to test what an open space in the city could be: a space that engenders calm, at a distance from the turmoil of the street, where art can be exhibited and public interaction take place. With its distinctive urban configuration, the Seagram Building had a strong impact on the public realm of the city and helped influence the 1961 Zoning Resolution, an ordinance that allowed developers to construct additional floor area in exchange for including plazas outside their buildings. – L.-C. S.

Le 28 juin 1954, Phyllis Lambert, une artiste de 27 ans récemment divorcée, vivant à Paris, écrit une lettre de huit pages à son père, Samuel Bronfman, président du conglomérat canadien Distillers Corporation Limited. Cette missive passionnée enjoint à celui-ci d'abandonner les plans de construction d'un gratte-ciel prévu comme siège de l'entreprise à New York. La jeune femme trouve le projet hideux et argumente :

« Tu dois construire un bâtiment qui exprime le meilleur de la société dans laquelle tu vis et, en même temps, tes espoirs d'amélioration de cette société. Tu as une grande responsabilité, et ton bâtiment n'est pas fait que pour le personnel de tes sociétés mais plutôt destiné à tous, à New York et dans le reste du monde[88]. »

À la suite de cette lettre, Bronfman demande à sa fille de revenir aux États-Unis et de faire le choix d'un architecte. Avec l'aide de Philip Johnson, Phyllis Lambert établit une liste de candidats possibles pour ce travail. Celle-ci comprend Eero Saarinen, Marcel Breuer, Pietro Belluschi, Walter Gropius, Louis Kahn, Paul Rudolph, Ieoh Ming Pei, Minoru Yamasaki, Frank Lloyd Wright, Le Corbusier et Mies van der Rohe. Après avoir sélectionné l'architecte, Lambert assumera la direction de la planification du projet, rétribuée par un salaire, avec pour mission de s'assurer que Mies construise bien le bâtiment qu'il souhaitait.

Le Seagram Building est une tour de bureaux de 38 étages située au 375 Park Avenue, entre la 52e et la 53e rue, à Midtown Manhattan. Dessiné par Mies van der Rohe et Philip Johnson, il a été réalisé entre 1955 et 1958 pour un coût total de 43 millions de dollars, une somme astronomique à l'époque. Son influence a été considérable dans les années 1960, devenant le prototype d'un style commercial de gratte-ciel américain[89] et décrit par le critique d'architecture Herbert Muschamp comme « le plus important bâtiment du millénaire[90] ».

Une des particularités du Seagram est qu'il est situé en retrait de Park Avenue, ménageant une vaste plaza publique en granit rose ornée de deux fontaines. Surélevée de trois marches par rapport au trottoir longeant Park Avenue, cette esplanade a été conçue par Mies afin de tester un espace ouvert sur la ville, un lieu d'interactions et d'exposition d'œuvres d'art procurant calme et distance en comparaison de l'agitation de la rue. Grâce à sa solution urbaine originale, le Seagram Building a eu un fort impact sur le domaine public new-yorkais. Il a notamment contribué à influencer la résolution sur le zonage de 1961, une ordonnance permettant aux promoteurs de construire des étages supplémentaires en échange de l'aménagement d'espaces communs à l'extérieur de leurs bâtiments. – L.-C. S.

ADA LOUISE HUXTABLE
« Park Avenue School of Architecture »,
The New York Times,
15 décembre 1957

ADA LOUISE HUXTABLE
'Park Avenue School of Architecture',
The New York Times,
15 December 1957

OLD FACE—This is the look Park Avenue offered to the world in the Nineteen Forties.

Park Avenue School Of Architecture

Business and its new sleek and shiny temples have transformed a famous residential street.

By ADA LOUISE HUXTABLE

"NEW YORK is a series of experiments, and everything which has lived its life and played its part is held to be dead, and is buried, and over it grows a new world."

New York has seen several "new worlds" since this observation appeared in Harper's Weekly in 1869, but it would be hard to find a more fitting description of the city's latest and most controversial series of experiments: the new architecture of Park Avenue. Today the old Park Avenue is being buried with remarkable and ruthless efficiency. Pedestrians pick their way through dust and debris, past temporary fences put together out of discarded (and still oddly personal) apartment house doors, while musty rubble thunders down chutes from ghosts of buildings stripped to shabby, naked steel. For we no longer just bury the past; we destroy it to make room for the future. Monuments and memories are demolished with the same cheerful, irreverent violence. As the old buildings disappear radical new ones rise immediately in their place, and the pattern of progress becomes clear: business palaces replace private palaces; soap aristocracy supplants social aristocracy; sleek towers of steel-framed blue, green, or gray-tinted glass give the avenue a glamorous and glittering new look.

OF the more than a hundred office buildings constructed or remodeled in Manhattan since the war, Park Avenue's share of fifteen commercial structures, thirteen of them impressively concentrated in a twelve-block area between Forty-seventh and Fifty-ninth Streets, includes the most important examples of the new style. Unconventional and unfamiliar, their precise patterns gleaming sharply against the city sky, these buildings are New York's contribution to a dramatic revolution in architectural design.

The revolution is a post-war miracle, brought about by unprecedented prosperity, which in turn spurred a great building boom. Inevitably, as an expected dispersal of business offices to the suburbs failed to materialize, land in the Forties and Fifties on Park Avenue—a small, vital area of midtown Manhattan—became too valuable to be devoted to the vestiges of gracious residential living. Speculative builders and giant corporations shopping for new sites took over. The chief sponsors of the new office buildings were (and are) conservative commercial corporations whose names read like a preferred listing of "Who's Who in American Industry." The staples of our civilization — soap, whisky and chemicals—have identified themselves with advanced architectural design and their monuments march up the avenue in a proud parade.

THUS, in spite of its change from a residential to a commercial neighborhood, Park Avenue still has its upper-class aura, its special air of privilege and prestige. The passing of the stately old apartments and hotels—most of which were thoroughly undistinguished buildings—has not eliminated this special brand of elegance from New York. It has merely changed its locale. In a surprise shift, elegance has moved from domestic to professional life, from the apartment house to the office building. As luxury apartments become smaller, shoddier and more shamefully stereotyped, commercial quarters grow more impressively handsome. Their spacious, costly and orderly perfection owes much of its genteel drama to the architect, but it also borrows something from the theatre and from the stenographer's Hollywood dream.

At Forty-seventh Street the Union Carbide Corporation is constructing an impressive home office of black metal and stainless steel. Colgate-Palmolive presents a shining beige glass-and-aluminum front at Forty-ninth, and the House of Seagram, an austerely distinguished bronze-and-glass edifice, is near completion at Fifty-second Street. Opposite, at Fifty-third, is Lever Brothers' trend-setting blue-green glass tower. Just above the Seagram Building, at Fifty-fourth Street, demolition is proceeding on the site of Astor Plaza, and Pepsi-Cola plans a dramatic headquarters at Fifty-ninth.

THE designers of these buildings include some of the country's leading architects. Mies van der Rohe, who has been advocating the stripped-down, precisely proportioned simplicity of the glass tower for nearly forty years, is responsible for the Seagram building, with associate Philip Johnson. Skidmore, Owings & Merrill, who have executed many of America's most important structures, are the architects of Lever House and of the projected Union Carbide and Pepsi-Cola buildings.

The shiny new look of these buildings comes *(Continued on Page 54)*

ADA LOUISE HUXTABLE writes often on architectural subjects and is now engaged in preparing a guide to modern architecture in New York, co-sponsored by the Municipal Art Society and the Museum of Modern Art.

NEW FACE—The transformation of Park Avenue is a change from blocks of masonry to towers of glass and metal. An outstanding examo'e of the new architecture is the nearly completed Seagram Building (shown on facing page). Lever House (in foreground in the picture above, left), put up in 1952, established the vogue for glass-walled buildings and was soon flanked by imitations. Park Avenue's resultant new look (above, right) was made possible by so-called "curtain wall" construction. Close-ups of this style of building are shown elsewhere on these pages.

Photographs by JOHN ROSS

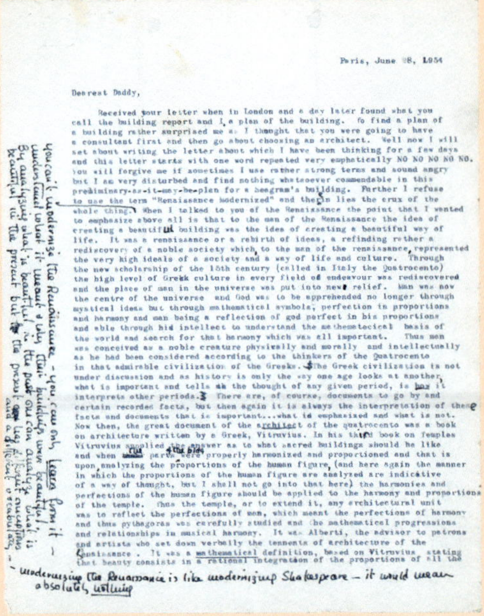

Paris, June 28, 1954

Dearest Daddy,

Received your letter when in London and a day later found what you call the building report and a plan of the building. To find a plan of a building rather surprised me as I thought that you were going to have a consultant first and then go about choosing an architect. Well now I will set about writing the letter about which I have been thinking for a few days and this letter starts with one word repeated very emphatically NO NO NO NO NO. You will forgive me if sometimes I use rather strong terms and sound angry but I am very disturbed and find nothing whatsoever commendable in this preliminary-as-it-may-be-plan for a Seagram's building. Further I refuse to use the term "Renaissance Modernized" and therein lies the crux of the whole thing. When I talked to you of the Renaissance the point that I wanted to emphasize above all is that to the man of the Renaissance the idea of creating a beautiful building was the idea of creating a beautiful way of life. It was a renaissance or a rebirth of ideas, a refinding rather a rediscovery of a noble society which, to the man of the renaissance, represented the very high ideals of a society and a way of life and culture. Through the new scholarship of the 15th century (called in Italy the Quatrocento) the high level of Greek culture in every field of endeavour was rediscovered and the place of man in the universe was put into new relief. Man was now the centre of the universe and God was to be apprehended no longer through mystical ideas but through mathematical symbols, perfection in proportions and harmony and man being a reflection of god perfect in his proportions and able through his intellect to understand the mathematecical basis of the world and search for that harmony which was all important. Thus man was conceived as a noble creature physically and morally and intellectually as he had been considered according to the thinkers of the Quatrocento in that admirable civilization of the Greeks. The Greek civilization is not under discussion and as history is only the way one age looks at another, what is important and tells the thought of any given period, is how it interprets other periods. There are, of course, documents to go by and certain recorded facts, but then again it is always the interpretation of these facts and documents that is important...what is emphasized and what is not. Now then, the great document of the architect of the quatrocento was a book on architecture written by a Greek, Vitruvius. In his third book on Temples Vitruvius supplied the answer as to what sacred buildings should be like and when the parts were properly harmonized and proportioned and that is upon analyzing the proportions of the human figure, (and here again the manner in which the proportions of the human figure are analyzed are indicative of a way of thought, but I shall not go into that here) the harmonies and perfections of the human figure should be applied to the harmony and proportions of the temple. Thus the temple, or to extend it, any architectural unit was to reflect the perfections of man, which meant the perfections of harmony and thus pythagoras was carefully studied and the mathematical progressions and relationships in musical harmony. It was Alberti, the advisor to patrons and artists who set down verbally the tennents of architecture of the Renaissance. It was a mathematical definition, based on Vitruvius stating that beauty consists in a rational integration of the proportions of all the

modernizing the Renaissance is like modernizing Shakespeare – it would mean absolutely nothing

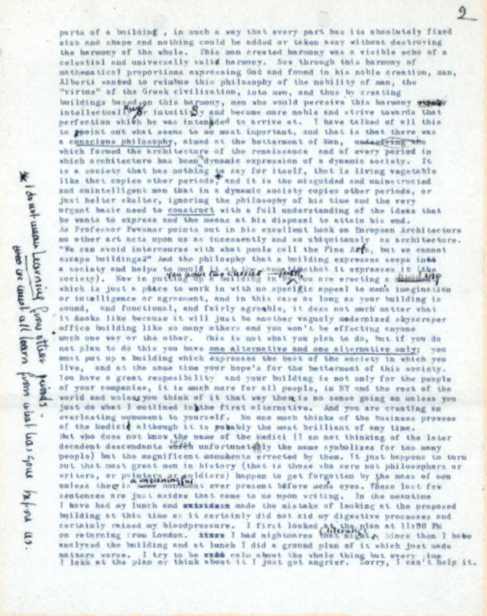

2

parts of a building, in such a way that every part has its absolutely fixed size and shape and nothing could be added or taken away without destroying the harmony of the whole. This man created harmony was a visible echo of a celestial and universally valid harmony. Now through this harmony of mathematical proportions expressing God and found in his noble creation, man, Alberti wanted to reimbue this philosophy of the nobility of man, the "virtus" of the Greek civilization, into men, and thus by creating buildings based on this harmony, men who would perceive this harmony intellectually or intuitively and become more noble and strive towards that perfection which he was intended to arrive at. I have talked of all this to point out what seems to me most important, and that is that there was a conscious philosophy, aimed at the betterment of Man, which formed the architecture of the renaissance and of every period in which architecture has been dynamic expression of a dynamic society. It is a society that has nothing to say for itself, that is living vegetable like that copies other periods, and it is the misguided and uninstructed and unintelligent man that in a dynamic society copies other periods, or just helter skelter, ignoring the philosophy of his time and the very urgent basic need to construct with a full understanding of the ideas that he wants to express and the means at his disposal to attain his end. As Professor Pevsner points out in his excellent book on European Architecture no other art acts upon us as incessently and so ubiquitously as architecture. "We can avoid intercourse with what peole call the Fine Arts, but we cannot escape buildings?" And the philosphy that a building expresses seeps into a society and helps to mould it at the same time that it expresses it (the society). Now in putting up a building in NY you are erecting a building which is just a place to work in with no specific appeal to men's imagination or intelligence or agreement, and in this case as long as your building is sound, and functional, and fairly agreable, it does not much matter what it looks like because it will just be another vaguely modernized skyscraper office building like so many others and you won't be effecting anyone much one way or the other. This is not what you plan to do, but if you do not plan to do this you have one alternative and one alternative only: you must put up a building which expresses the best of the society in which you live, and at the same time your hope's for the betterment of this society. You have a great responsibility and your building is not only for the people of your companies, it is much more for all people, in NY and the rest of the world and unless you think of it that way there is no sense going on unless you just do what I outlined in the first alternative. And you are creating an everlasting monument to yourself. No one much thinks of the business prowess of the Medicis although it is probably the most brilliant of any time. But who does not know the name of the Medici (I am not thinking of the later decadent descendants which unfortunately the name symbolizes for too many people) but the magnificent monuments errected by them. It just happens to turn out that most great men in history (that is those who were not philosophers or writers, or painters or soldiers) happen to get forgotten by the mass of men unless there is a meaningful monument ever present before men's eyes. These last few sentences are just asides that came to me upon writing. In the meantime I have had my lunch and made the mistake of looking at the proposed building at this time as it certainly did not aid my digestive processes and certainly raised my bloodpressure. I first looked at the plan at 11:30 PM on returning from London. I had nightmares that night (literally). Since then I have analyzed the building and at lunch I did a ground plan of it which just made matters worse. I try to be calm about the whole thing but every time I lokk at the plan or think about it I just get angrier. Sorry, I can't help it.

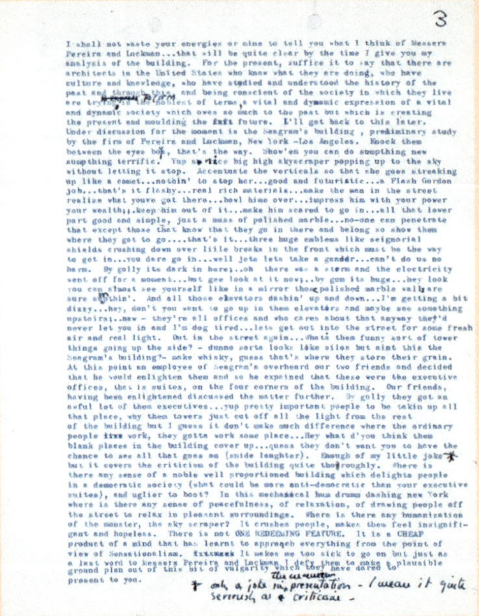

3

I shall not waste your energies or mine to tell you what I think of Messers Pereira and Luckman...that will be quite clear by the time I give you my analysis of the building. For the present, suffice it to say that there are architects in the United States who know what they are doing, who have culture and knowledge, who have studied and understood the history of the past and through this, and being conscient of the society in which they live are trying to form in the noblest of terms, a vital and dynamic expression of a vital and dynamic society which owes so much to the past but which is creating the present and moulding the future. I'll get back to this later. Under discussion for the moment is the Seagram's building, preliminary study by the firm of Pereira and Luckman, New York–Los Angeles. Knock them between the eyes boy, that's the way. Show'em you can do sumpthing new sumpthing terrific. Yup a nice big high skyscraper popping up to the sky without letting it stop. Accentuate the verticals so that she goes streaking up like a comet...nothin' to stop her...good and futuristic...a Flash Gordon job...that's it flashy...real rich materials...make the man in the street realize what youve got there...bowl hime over...impress him with your power your wealth;;.keep him out of it...make him scared to go in...all that lower part good and simple, just a mass of polished marble...no-one can penetrate that except those that know that they go in there and belong so show them where they got to go....that's it...three huge emblems like seignorial shields crushing down over liile breaks in the front which must be the way to get in...you dare go in...well lets lets take a gander...can't do us no harm. By golly its dark in here;..oh there was a storm and the electricity went off for a moment...but gee look at it now;..by gum its huge...hey look you can almost see yourself like in a mirror those polished marble walls are sure somethin'. And all those elevators dashin' up and down...I'm getting a bit dizzy...hey, don't you want to go up in them elevators and maybe see something upstairs;..naw – they're all offices and who cares about that anyway they'd never let you in and I'm dog tired...lets get out into the street for some fresh air and real light. Out in the street again...whats them funny sort of tower things going up the side? – dunno sorts looks like silos but aint this the Seagram's building?– make whisky, guess that's where they store their grain. At this point an employee of Seagram's overheard our two friends and decided that he would enlighten them and so he expained that these were the executive offices, that is suites, on the four corners of the building. Our friends, having been enlightened discussed the matter further. By golly they got an awful lot of them executives...yup pretty important poeple to be takin up all that place, why them towers just cut off all the light from the rest of the building but I guess it don't make much difference where the ordinary people work, they gotta work some place...Hey what d'you think them blank places in the building cover up...quess they don't want you to have the chance to see all that goes on (snide laughter). Enough of my little joke* but it covers the criticism of the building quite thoroughly. Where is there any sense of a noble well proportioned building which delights people in a democratic society (what could be more anti-democratic than your executive suites), and uglier to boot? In this mechanical hum drum dashing new York where is there any sense of peacefulness, of relaxation, of drawing people off the street to relax in pleasant surroundings. Where is there any humanization of the monster, the sky scraper? It crushes people, makes them feel insignifigant and hopeless. There is not ONE REDEEMING FEATURE. It is a CHEAP product of a mind that has learnt to approach everything from the point of view of Sensationalism. It makes me too sick to go on but just as a last word to Messers Pereira and Luckman I defy them to make a plausible ground plan out of this bit of vulgarity which they have dared to present to you.

* only a joke in the manner of presentation – I mean it quite seriously as a criticism –

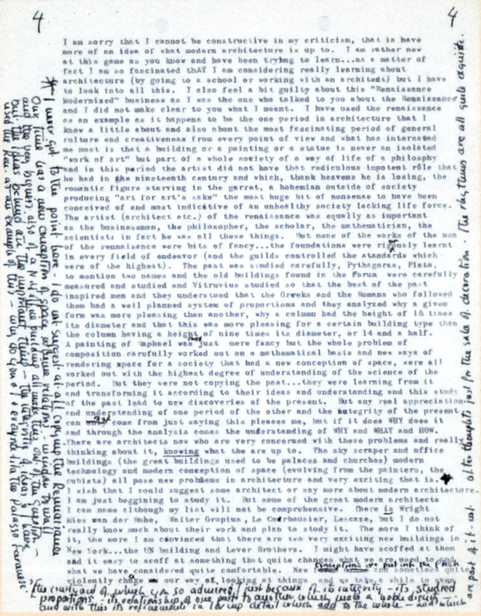

4

I am sorry that I cannot be constructive in my criticism, that is have more of an idea of what modern architecture is up to. I am rather new at this game as you know and have been trying to learn...as a matter of fact I am so fascinated that I am considering really learning about architecture (by going to a school or working with an architect) but I have to look into all this. I also feel a bit guilty about this "Renaissance Modernized" business as I was the one who talked to you about the Renaissance and I did not make clear to you what I meant. I have used the renaissance as an example as it happens to be the one period in architecture that I know a little about and also about the most fascinating period of general culture and creativeness from every point of view and what has interested me most is that a building or a painting or a statue is never an isolated "work of art" but part of a whole society of a way of life of a philosphy and in this period the artist did not have that rediculous impotent rôle that he had in the nineteenth century and which, thank heavens he is losing, the romantic figure starving in the garret, a bohemian outside of society producing "art for art's sake" the most huge bit of nonsense to have been conceived of and most indicative of an unhealthy society lacking life force. The artist (architect etc.) of the renaissance was equally as important as the businessman, the philosopher, the scholar, the mathematician, the scientist: in fact he was all these things. But none of the works of the men of the renaissance were bits of fancy...the foundations were rigorously learnt in every field of endeavor (and the guilds controlled the standards which were of the highest). The past was studied carefully, Pythagoras, Plato, to mention two names and the old buildings found in the Forum were carefully measured and studied and Vitruvius studied so that the best of the past inspired men and they understood that the Greeks and the Romans who followed them had a well planned system of proportions and they analyzed why a given form was more pleasing than another, why a column had the height of 15 times its diameter and that this was more pleasing for a certain building type than the column having a height of nine times its diameter, or 14 and a half. A painting of Raphael was not just mere fancy but the whole problem of composition carefully worked out on a mathematical basis and new ways of rendering space for a society that had a new conception of space, were all worked out with the highest degree of understanding of the science of the period. But they were not copying the past...they were learning from it and transforming it according to their ideas and understanding and this study of the past lead to new discoveries of the present. But any real appreciation and understanding of one period of the other and the integrity of the present can not come from just saying this pleases me, but if it does WHY does it and through the analysis comes the understanding of WHY and WHAT and HOW. There are architects now who are very concerned with these problems and really thinking about it, knowing what the are up to. The sky scraper and office buildings (the great buildings used to be palaces and churches) modern technology and modern conception of space (evolving from the painters, the cubists) all pose new problems in architecture and very exciting that is. I wish that I could suggest some architect or say more about modern architecture. I am just beggining to study it. But some of the great modern architects I can name although my list will not be comprehensive. There is Wright Mies van der Rohe, Walter Gropius, Le Corbousier, Lescaze, but I do not really know much about their work and plan to study it. The more I think of it, the more I am convinced that there are two very exciting new buildings in New York...the UN building and Lever Brothers. I might have scoffed at them and it easy to scoff at something that quite changes what we are used to and what we have considered quite comfortable. New conceptions are put into practice and sometimes quite violently change our way of looking at things and we take a while to even

PHYLLIS LAMBERT. SEAGRAM BUILDING, DIRECTRICE DE LA PLANIFICATION. *Lettre de Phyllis Lambert à Samuel Bronfman.*

28 juin 1954 (copie carbone dactylographiée avec notes au stylo et à l'encre sur papier. 27 × 21 cm. 8 pages)

CENTRE CANADIEN D'ARCHITECTURE, MONTRÉAL, FONDS PHYLLIS LAMBERT, ARCH278184.

5

be able to look at these "new" things and it is hard sometimes to judge right away. But what are we trying to judge? Whether the concretization of these new conceptions (these buildings or paintings or statues or music, or way of doing business...) are really sincere and valid and well thought out and planned or do they just aim at shocking us, surprising us and pretend to represent a new philosophy . The Pereira Luckman plan is unhappily of the later breed. I am not touching on whether the philosophy underlying any endeavour be true and good ; I must assume that it is so for otherwise I will have to go off into all sorts of philosophical discussions.

Now what must be the idea behind a building in NY, an office building that is. I have not written an outline of what I think that this building should represent and the functions that it should fill so please forgive what will probably be not too orderly a presentation. Before building a building we must know its purpose; what will it be used for? An office building can be of two types : a general office building for various firms and companies or a building for the use of one company only, such as the Lever Brothers Building. The latter is probably an easier and more agreable problem to handle as one organizes it solely to fit the needs and functions of a given firm and thus the planning of the building as a whole can be divided according to the various depts etc and the recreation facilities planned for people who are all working together. However this can all be worked out in a general building in which Seagrams, for eg, reserves part of the building for its own company and can organize that part of the building quite as functionally, fitting its own needs, as can the one company building. The real advantage in the one company building is that it is smaller. But why is its smallness, in comparison an advantage? Because an office building is for people and thus must be as agreable as possible . One cannot humanly stick people into these immense work units which are so out of scale with the human being that he is crushed and insignifigant in the face of it, where he is just a number, where he trudges through a dreary entrance (usually quite out of scale with the rest of the building because it is like a pin hole opening) into a huge dreary hall with ugly flooring just because so many people will trudge across it, its made dark and pebbled (which is not at all necessary) and usually staring him in the face are long alphebetized lists telling who is where, and then those clanging elevators whizzing up and down. Electric light to lead his dreary way and all so mechanized. Then into cubby hole offices, and as often as not the lower salary group and secretaries work in halls that are inside with no windows and so they are all shut in in their work cells...what a nightmare to work in an a closed-in room without windows, and live all day by electric light. There are no recreation facilities, only small or not so small washrooms...no place to relax for a few moments and realize that one is not a machine but a person living in a world that was originally quite beautiful until cement and steel banished the green and the trees from our citites. (Man must make something beautiful to replace the beauty he has banished) Thus a small building like Lever's , just because it is a one company building, takes the sting off much of this coldness and impersonalness of these big buildings, and it is more like a big family home ...the people that work there must have a feeling of this being "our" building and must be proud of it. An incentive to work better . But yourplan as far as I know also to have offices which you will rent and the pleasant and necessary working conditions mentioned above can with ingenuity and intelligent planning be worked out. However the larger the building, the harder and one very important problem in this not so big versus big building, id the actual architecture of it, the aesthetics of it if you will but I don't much like that word. the beauty of it.

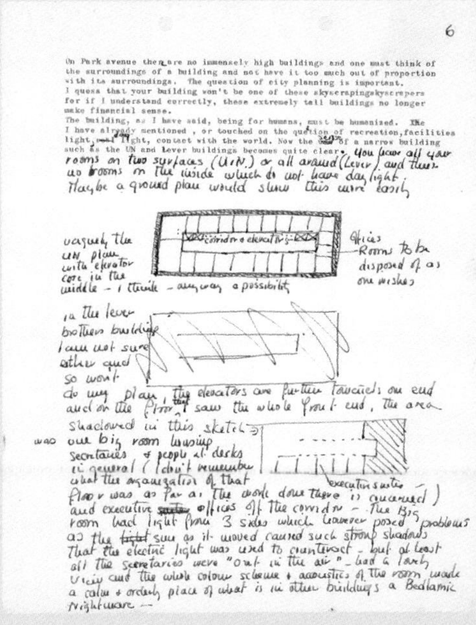

6

On Park avenue there are no immensely high buildings and one must think of the surroundings of a building and not have it too much out of proportion with its surroundings. The question of city planning is important.
I guess that your building won't be one of these skyscrapingskyscrapers for if I understand correctly, these extremely tall buildings no longer make financial sense.
The building, as I have said, being for humans, must be humanized. I have already mentioned , or touched on the question of recreation,facilities light, day light, contact with the world. Now the sense of a narrow building such as the UN and Lever buildings becomes quite clear. You have all your rooms on two surfaces (U.N.) or all around (Lever) and there no rooms on the inside which do not have daylight. Maybe a ground plan would show this more easily

7

I would also like to mention here, should have been earlier when I talked of recreation, that there is an attractive staff dining room so that this terrible hustle bustle for secretaries is solved...they can have a longer lunch period because they don't waste time going out, looking for a restaurant and waiting, and they are out of the madding crush in the streets, of everybody out to eat at the same time. Off the dining room is the terrace so that they may get fresh air and walk around a bit after lunch. There are also lounges on different flours where the personnel may agreably take a few minutes off. (They aren't very attractive as I remember, but that is my taste...but the idea is a fine one.)

The part of the building that people see most is what is on the street level. I will again point to the Lever building. I don't consider it completely successful but I like very much what they tried to do. You want to invite people into your building and afford them a pleasant place to take a few minutes breather...a beautiful calm entrance hall with the elevators not dominating the scene but as discreet as possible, with daylight again so that it is gay and bright (electric light is always depressing) and with a lovely vista so that the eye can rove and is not blocked and confined. In the Luckman plan you have this heavy tomblike façade which not only makes the heart heavy but keeps you firmly out. The use of the stilts or columns in the Lever Building (something which has long been used by Le Corbousier) forms a modern arcade (the term not used architecturally) and then the use of glass as walls lets you see right through and go in without any barrier and so you create a real and an optical volume which in itself is a fascinating thing to play with. And because your walls are of glass, you have daylight. The little garden outside which forms part of the ground floor, is a lovely idea, if not completely successful and something that could be improved upon. Unfortunately Lever's make a bad display job in their wall window. Also, they have used no wall decoration at all and a mosaic might have been a lovely idea for the West Wall which is of an unpleasant dark marble, and defines the solid confines of the garden-patio. I am just suggesting possibilities here.

As to a building in glass I am not quite sure what I think but I rather think that I like it. At first my reaction was that maybe it was wrong to make a building which weighs tons look as if it floats and to make the walls not quite definite because they are always changing. But Why have a building crushing down on us...in the best architecture the aim has always been for lightness for elegance and we don't have to be reminded that a skyscraper is a huge heavy ungainly monster. And is there anything wrong in having the interest in a surface due largely to changing reflections ...I think not at all as long as your partitions separating and joining the sheets of glass are in the right proportion one to the other and each to the whole. A nd one has a mosaic out of this lovely pattern of many pannels of glass and colour through the light reflecting on each section and the reflection of the sky and other buildings in the glass, and of course, the basic field of colour from the glass itself. One great advantage of the glass wall is that it does not become grime infested and streaked with the years. The attraction of some of the newer apt; houses in NY comes from their lovely whiteness and yet how dreary will they be a few years from now when all the dirt and fumes greys and streaks them and this is inevitable in any modern city. The white temple was fine in Greece when no grease and dirt and fumes besmirched them. And so with a glass building, at the same time that you have clean lines and the play of volumes in space (which is the modern approach to spatial problems) you have as your decoration through your pattern

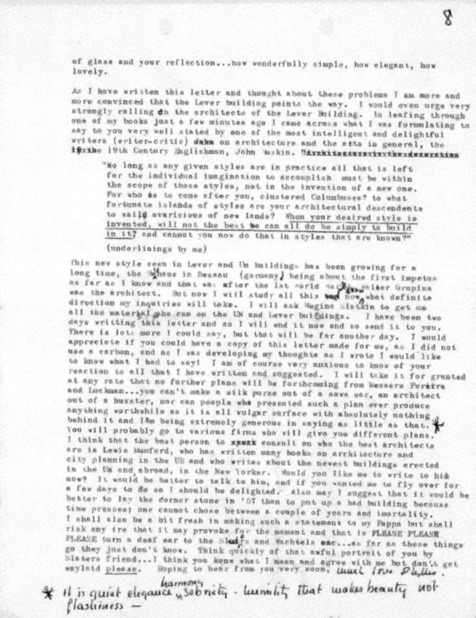

8

of glass and your reflection...how wonderfully simple, how elegant, how lovely.

As I have written this letter and thought about these problems I am more and more convinced that the Lever building points the way. I would even urge very strongly calling on the architects of the Lever Building. In leafing through one of my books just a few minutes ago I came across what I was formulating to say to you very well stated by one of the most intelligent and delightful writers (writer-critic) on architecture and the arts in general, the 19th Century Englishman, John Ruskin.

> "So long as any given styles are in practice all that is left for the individual imagination to accomplish must be within the scope of those styles, not in the invention of a new one. For who is to come after you, clustered Columbuses? to what fortunate islands of styles are your architectural descendents to sail, avaricious of new lands? When your desired style is invented, will not the best we can all do be simply to build in it? and cannot you now do that in styles that are known?"
>
> (underlinings by me)

This new style seen in Lever and Un buildings has been growing for a long time, the Bauhaus in Dessau (germany) being about the first impetus as far as I know and that was after the 1st world war, Walter Gropius was the architect. But now I will study all this and know what definite direction my inquiries will take. I will ask Regina Slatkin to get me all the material she can on the UN and Lever buildings. I have been two days writting this letter and so I will end it now and so send it to you. There is lots more I could say, but that will be for another day. I would appreciate if you could have a copy of this letter made for me, as I did not use a carbon, and as I was developing my thoughts as I wrote I would like to know what I had to say! I am of course very anxious to know of your reaction to all that I have written and suggested. I will take it for granted at any rate that no further plans will be forthcoming from Messers Pereira and Luckman...you can't make a silk purse out of a sows ear, an architect out of a huxster, nor can people who presented such a plan ever produce anything worthwhile as it is all vulgar surface with absolutely nothing behind it and I'm being extremely generous in saying as little as that.* You will probably go to various firms who will give you different plans. I think that the best person to consult on who the best architects are is Lewis Mumford, who has written many books on architecture and city planning in the US and who writes about the newest buildings erected in the US and abroad, in the New Yorker. Would you like me to write to him now? It would be better to talk to him, and if you wanted me to fly over for a few days to do so I should be delighted. Also may I suggest that it would be better to lay the corner stone in '57 than to put up a bad building because time presses; one cannot chose between a couple of years and imortality. I shall also be a bit fresh in making such a statement to my Pappa but shall risk any ire that it may provoke for the moment and that is PLEASE PLEASE PLEASE turn a deaf ear to the Slaters and Wachtels etc...as far as these things go they just don't know. Think quickly of that awful portrait of you by Slaters friend...I think you konw what I mean and agree with me but don't get waylaid please. Hoping to hear from you very soon, much love Phyllis.

* It is quiet elegance harmony sobriety – humility that makes beauty not flashiness –

PHYLLIS LAMBERT, SEAGRAM BUILDING, DIRECTOR OF PLANNING, *Letter from Phyllis Lambert to Samuel Bronfman,* 28 June 1954 (typewritten carbon copy with pen and ink notations on paper, 27 × 21 cm, 8 pages)

CANADIAN CENTRE FOR ARCHITECTURE, PHYLLIS LAMBERT FONDS, MONTREAL, ARCH278184.

LUDWIG MIES VAN DER ROHE
Seagram Building, New York, 1954 - 1958, perspective de la place publique (crayon sur papier de carnet de notes, 29,8 × 22,9 cm)

LUDWIG MIES VAN DER ROHE
Seagram Building, New York, 1954-1958, Plaza, perspective (pencil on notepaper, 29.8 × 22.9 cm)

EZRA STOLLER
Seagram Building, New York, Ludwig Mies van der Rohe avec Philip Johnson, date inconnue

EZRA STOLLER
Seagram Building, New York, Ludwig Mies van der Rohe with Philip Johnson, unknown date

PAGES 76 - 77
PHYLLIS LAMBERT
Fontaine de la place du Seagram, New York, 1961 (tiré du livre de Phyllis Lambert, *Observation Is a Constant That Underlies All approaches*, Zürich, Lars Müller Publishers, 2023)

PHYLLIS LAMBERT
Seagram Plaza Fountain, New York, 1961 (from Phyllis Lambert book, *Observation Is a Constant That Underlies All Approaches*, Zürich, Lars Müller Publishers, 2023)

PHYLLIS LAMBERT
Esquisse de Mies van der Rohe, années 1950 (crayon sur papier, 35,5 × 27,5 cm)

CENTRE CANADIEN D'ARCHITECTURE, FONDS PHYLLIS LAMBERT, MONTRÉAL, ARCH250503.02. © PHYLLIS LAMBERT.

PHYLLIS LAMBERT
Sketch of Mies van der Rohe, 1950s (pencil on paper, 35,5 × 27,5 cm)

CANADIAN CENTRE FOR ARCHITECTURE, PHYLLIS LAMBERT FONDS, MONTREAL, ARCH250503.02. © PHYLLIS LAMBERT.

PHYLLIS LAMBERT
Mies van der Rohe, Chicago, 1964 (tiré du livre de Phyllis Lambert, *Observation Is a Constant That Underlies All Approaches*, Zürich, Lars Müller Publishers, 2023)

PHYLLIS LAMBERT
Mies van der Rohe, Chicago, 1964 (from Phyllis Lambert's book, *Observation Is a Constant That Underlies All Approaches*, Zürich, Lars Müller Publishers, 2023)

© PHYLLIS LAMBERT.

PAGE 79
TOMMY WEBER
Rencontre du Building Planning Service Council, National Association of Building Owners and Managers, Hotel Commodore, New York, 23 mai 1955

CENTRE CANADIEN D'ARCHITECTURE, FONDS PHYLLIS LAMBERT, MONTRÉAL, ARCH257132. © TOMMY WEBER.

TOMMY WEBER
Meeting of the Building Planning Service Council of the National Association of Building Owners and Managers, Commodore Hotel, New York, 23 May 1955

CANADIAN CENTRE FOR ARCHITECTURE, PHYLLIS LAMBERT FONDS, MONTREAL, ARCH257132. © TOMMY WEBER.

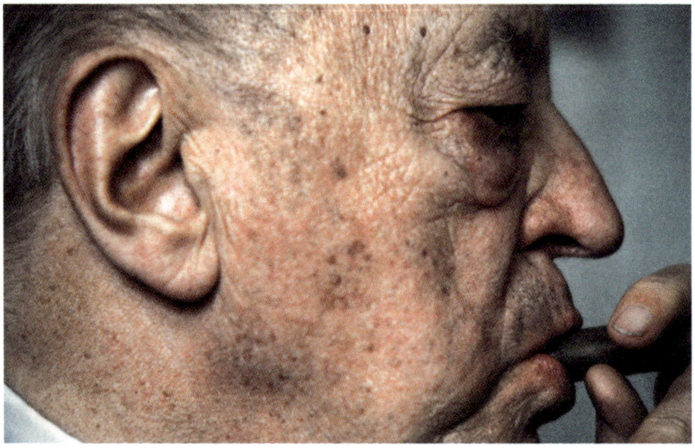

EARLE SHULTZ
RALPH E. THOMAS
ELLIS D. SLATER
L'HUILLIER S. SHEAFF

The Destruction of Pennsylvania Station

New York
1963

La destruction de Pennsylvania Station

New York
1963

On 14 July 1966, *The New York Times*' architecture critic Ada Louise Huxtable wrote: 'Pennsylvania Station succumbed to progress this week at the age of 56, after a lingering decline'.[91] Completed in 1910 by the architectural firm McKim, Mead & White, and modelled after the warm room in the Baths of Caracalla in Rome, the station had been demolished, amid public outcry, to make way for modernity.

The Beaux-Arts-style building, a vast structure occupying two whole city blocks (between 31st and 34th streets and between Seventh and Eighth Avenues) was richly decorated, with a Doric colonnade and crowned by 13 sculptures of eagles. Its waiting room was longer than the nave of St Peter's in Rome and had 150-foot-high vaulted ceilings. The underground station contained 11 platforms.

The Action Group for Better Architecture in New York (AGBANY), a group initially formed by young architects[92] to prevent the loss of treasured New York architecture, spearheaded the campaign to stop the demolition of Penn Station. The group, soon joined by more established political and cultural figures, such as Eleanor Roosevelt, Jane Jacobs, Aline Saarinen and Philip Johnson, organised a public protest that took place on 2 August 1962. Huxtable, then newly appointed as the architecture critic at *The New York Times*, expressed her outrage at the proposed demolition and directly attacked the planning commission in her May 1963 article: 'Architecture: How to Kill a City?'. She continued her 'literary assault' throughout the summer of 1963 and ended it with the article 'Farewell to Penn Station', which appeared in the newspaper on 30 October 1963, and in which she wrote: 'We want and deserve tin-can architecture in a tin-horn culture. And we will probably be judged not by the monuments we build but by those we have destroyed'.[93]

The demolition of the station – the first major American building to be demolished by a wrecking ball – started on 28 October 1963, at precisely nine o'clock, and was completed in 1966. According to Huxtable, 'the passing of Penn Station was more than the end of a landmark; it confirmed the priority of real estate values over preservation'.[94] Yet, although AGBANY and Huxtable's critiques did not manage to save Penn Station, this death is now regarded as the birth of the preservation movement in New York City and the impetus for the passing of the Landmarks Law. – L.-C. S

Le 14 juillet 1966, la critique d'architecture du *New York Times* Ada Louise Huxtable écrivait : « Pennsylvania Station a succombé cette semaine au progrès, à l'âge de 56 ans, après une longue agonie[91]. » Cette gare, réalisée en 1910 par le cabinet d'architectes McKim, Mead & White, dont le dessin s'inspirait de la salle chaude des thermes de Caracalla à Rome, venait d'être démolie malgré les protestations publiques, pour faire place à la modernité.

Ce vaste édifice de style Beaux-Arts, occupant deux blocs d'immeubles entiers (entre les 31e et 34e rues et les 7e et 8e avenues), était richement décoré d'une colonnade dorique et couronné de 13 sculptures d'aigles. Sa salle d'attente était plus longue que la nef de Saint-Pierre de Rome et ses plafonds voûtés culminaient à 45 mètres. La station de métro associée comptait 11 quais.

L'Action Group for Better Architecture in New York (AGBANY), un groupe formé par de jeunes architectes[92] pour prévenir la perte de trésors architecturaux new-yorkais, mena la campagne contre la destruction de Penn Station. Bientôt rejoint par des personnalités politiques et culturelles plus établies comprenant Eleanor Roosevelt, Jane Jacobs, Aline Saarinen et Philip Johnson, le groupe organisa une manifestation publique le 2 août 1962. Ada Louise Huxtable, alors nouvellement nommée critique d'architecture au *New York Times*, exprima son indignation face au projet de démolition et attaqua de front la commission d'urbanisme dans son article du 5 mai 1963 : « Architecture: How to Kill a City? » Elle poursuivit son « assaut littéraire » tout au long de l'été 1963, le concluant par l'article « Farewell to Penn Station » paru dans le journal le 30 octobre 1963, où elle écrivit : « Dans cette culture de la forfanterie, nous voulons et méritons une architecture de pacotille. Et nous serons sans doute jugés non pas sur les monuments que nous construisons, mais sur ceux que nous aurons détruits[93]. »

La démolition de la gare – le premier grand bâtiment américain abattu à la boule de démolition – commença le 28 octobre 1963, à 9 heures précises, et s'acheva en 1966. Selon Huxtable, « la disparition de Penn Station représenta plus que la fin d'un monument ; elle confirma la primauté des valeurs immobilières sur la préservation patrimoniale[84] ». Pourtant, bien que le groupe AGBANY et la critique d'Ada Louise n'aient pas réussi à sauver Penn Station, cette destruction est aujourd'hui considérée comme la naissance du mouvement de protection des bâtiments dans la ville de New York et l'impulsion première menant à l'adoption de la Landmarks Law (loi sur les monuments historiques). – L.-C. S

Penn Station, façade est, New York, N.Y., années 1950 (carte postale)

Penn Station, East façade, New York, NY 1950s (postcard)

NEW YORK PUBLIC LIBRARY, THE MIRIAM AND IRA D. WALLACH DIVISION OF ART, PRINTS AND PHOTOGRAPHS: PHOTOGRAPHY COLLECTION, COLLECTION DETROIT PUBLISHING COMPANY POSTCARDS, NYPL COLLECTION, B12647398, NYPL DIGITAL COLLECTION, 74170. © NYPL, © DR.

Lettre d'Ada Louise Huxtable, 10 juin 1976

Letter from Ada Louise Huxtable, 10 June 1976

THE GETTY RESEARCH INSTITUTE, COLLECTION ADA LOUISE HUXTABLE PAPERS, LOS ANGELES, 2013.M.9. © J. PAUL GETTY TRUST.

The New York Times
229 WEST 43 STREET
NEW YORK, N.Y. 10036

June 10, 1976

Dr. Helen G. Stern
494 N.W. 165th St.
Road Building F-101
Miami, Fla. 33169

Dear Dr. Stern:

I am sorry to have to tell you that there is no woman equivalent of Gropius, Mies, Wright, etc. and that architecture, like law, until very recently has been a sexist profession of the kind that militated against the development of such a woman architect. Has there been any female equivalent of Justice Brandeis, for example? There are how many more women in architecture now, as in law, and a great many more in architecture schools, and conditions in the future will not make it virtually impossible for a woman to be a creative leader in the field as in the past. It has not been enough to be talented. Without the obstacles, and with social and professional acceptance, the opportunities and conditions for creative leadership will, at least, exist.

Sincerely,

Ada Louise Huxtable
Editorial Board

ALAN DUNN
Caricature avec la légende « Ada Louise Huxtable already doesn't like it! »
1968 (publiée dans l'édition du 15 juin 1968 de *The New Yorker*)

THE GETTY RESEARCH INSTITUTE, COLLECTION ADA LOUISE HUXTABLE PAPERS, LOS ANGELES, 2013.M.9. AVEC L'AUTORISATION DE THE MARY PETTY AND ALAN DUNN ESTATE, SYRACUSE UNIVERSITY. © SYRACUSE UNIVERSITY; THE NEW YORKER.

ALAN DUNN
Cartoon with the caption 'Ada Louise Huxtable already doesn't like it',
1968 (published in the 15 June 1968 issue of *The New Yorker*)

THE GETTY RESEARCH INSTITUTE, COLLECTION ADA LOUISE HUXTABLE PAPERS, LOS ANGELES, 2013.M.9. COURTESY OF THE MARY PETTY AND ALAN DUNN ESTATE, SYRACUSE UNIVERSITY. © SYRACUSE UNIVERSITY; THE NEW YORKER.

GEO. P. HALL & SON/ NEW YORK HISTORICAL SOCIETY
Hall d'entrée intérieur et billetterie de Penn Station,
New York, 1911

GEO. P. HALL & SON/ NEW YORK HISTORICAL SOCIETY
Interior entry hall and ticketing office of Penn Station,
New York, 1911

GETTY IMAGES, PHOTO ARCHIVE, LOS ANGELES, 486664345 © NYHS; GETTY IMAGES.

No 6172 PENNA. R.R. STATION
COPYRIGHT 1911 BY
GEO. P. HALL & SON, NEW YORK

WALTER DARAN
Sauvons Penn Station (l'écrivaine américaine Jane Jacobs [g] et l'architecte Philip Johnson [d] se tiennent aux côtés de Ada Louise Huxtable, et au milieu des piquets de grève, devant Penn Station, pour protester contre la démolition du bâtiment, New York), 1963

WALTER DARAN
Save Penn Station (American writer Jane Jacobs [L] and architect Philip Johnson [R] stand with picketing crowds outside Penn Station to protest the building's demolition, New York), 1963

GETTY IMAGES, PHOTO ARCHIVE, LOS ANGELES, 3 227 424. © WALTER DARAN; GETTY IMAGES.

MARGOT GAYLE
Le maire Wagner signant la New York City Landmarks Law, 1965

MARGOT GAYLE
Mayor Wagner signing New York City Landmarks Law, 1965

NEW YORK PRESERVATION ARCHIVE PROJECT. © NYPAP.

BERENICE ABBOTT
Penn Station, intérieur, 1935 (tirage à la gélatine argentique, 25,4 × 20,3 cm)

BERENICE ABBOTT
Penn Station, interior, 1935 (gelatin silver print, 25.4 × 20.3 cm)

NEW YORK PUBLIC LIBRARY, THE MIRIAM AND IRA D. WALLACH DIVISION OF ART, PRINTS AND PHOTOGRAPHS: PHOTOGRAPHY COLLECTION, COLLECTION CHANGING NEW YORK – PENN STATION, NYPL COLLECTION, B13668355, NYPL DIGITAL COLLECTION, 58458563. © NYPL.

From Greystone Buildings to the Canadian Centre for Architecture

Montreal
1973-1989

Des bâtiments en pierre grise au Centre canadien d'architecture

Montréal
1973-1989

Between 1973 and 1974, Phyllis Lambert produced, with the help of young British photographer Richard Pare, a series of photos documenting a group of buildings built in grey stone in what used to be the metropole of Canada. This photographic mission conducted through Montreal neighbourhoods included traditional townhouses and commercial buildings, as well as civic structures such as the Bank of Montreal, built in 1847 by British architect John Wells; the Bonsecours Market, originally constructed from 1844 to 1847 and designed by architect William Footner; and the Notre-Dame Basilica, designed by Irish-American James O'Donnell and completed in 1888. The ensemble reveals the relationship between city growth, individual actors, social change and a building material.

Lambert, who had just returned to her home city following the death of her father in 1971, developed a strong interest in studying 'the economic, cultural, and social aspects of the city, starting with photographic campaigns that documented its contemporary composition and then working backward to analyse historical records of land ownership, land use, and architectural intent'.[95] Her aim was to influence government action while educating people about the role they can play in preserving their architectural heritage.

Also in 1974, Lambert bought the 1874 Shaughnessy House, a large detached mansion designed in the Second Empire style by William T. Thomas, to prevent it from being demolished in the midst of the modern frenzy of creating high-rises and expressways. The house restoration by Denis Saint-Louis and Marcel Bilodeau included integrating a steel structure into the structure's walls to enable the building to perform its new function and reconstructing interior details from existing elements using 19th-century techniques.

The Shaughnessy House now hosts part of the Canadian Centre for Architecture or CCA, an institution founded by Lambert in 1979 with the aim of studying and promoting architecture as a public concern. Wrapped around the house, a building by Canadian architect Peter Rose completed in 1989 holds the CCA's extensive collections and research facilities. A new form of cultural institution, the CCA has, since the 1980s, produced and displayed many seminal exhibitions, published an impressive quantity of significant books, hosted hundreds of scholars from around the world and organised all sorts of public and cultural events. – L.-C. S

Entre 1973 et 1974, Phyllis Lambert réalisa, avec l'aide du jeune photographe britannique Richard Pare, toute une série de photos documentant un ensemble de bâtiments construits en pierre grise dans l'ancienne métropole du Canada. Cette mission photographique menée à travers les quartiers de Montréal répertoriait des maisons de ville traditionnelles, des bâtiments commerciaux, mais aussi des édifices civils tels que la Banque de Montréal, construite en 1847 par l'architecte britannique John Wells, le marché Bonsecours établi, à l'origine, de 1844 à 1847, sur les plans de l'architecte William Footner, ainsi que la basilique Notre-Dame conçue par l'Irlando-Américain James O'Donnell et achevée en 1888. L'ensemble photographique révèle les relations entre croissance de la ville, acteurs individuels, changements sociaux et un matériau de construction.

Lambert, qui venait de revenir dans sa ville natale à la suite du décès de son père en 1971, s'est alors passionnée pour l'étude des « aspects économiques, culturels et sociaux de Montréal, d'abord à travers des campagnes photographiques documentant la composition contemporaine de la ville, puis en remontant le temps grâce à l'analyse d'archives historiques sur la propriété foncière, l'usage des terres et l'intention architecturale[95] ». Son objectif était d'influencer l'action du gouvernement tout en sensibilisant le grand public au rôle qu'il pouvait jouer dans la préservation de son patrimoine architectural.

Toujours en 1974, Phyllis Lambert racheta la maison Shaughnessy, une vaste demeure mitoyenne de style Second-Empire conçue par William T. Thomas en 1874, pour empêcher sa destruction en faveur de la construction galopante de gratte-ciel et voies rapides. La restauration de la maison par Denis Saint-Louis et Marcel Bilodeau comprenait l'intégration dans ses murs d'une structure en acier permettant au bâtiment de remplir sa nouvelle fonction ainsi que la reconstitution des détails intérieurs à partir d'éléments existants en utilisant des techniques du XIXe siècle.

La maison Shaughnessy abrite aujourd'hui une partie du Centre canadien d'architecture, l'institution créée par Lambert en 1979 afin d'étudier et promouvoir l'architecture dans ses dimensions d'intérêt public. Tout autour de la maison, un bâtiment de l'architecte canadien Peter Rose, achevé en 1989, conserve les vastes collections et les installations de recherche du CCA. Institution culturelle inédite, le CCA a, depuis les années 1980, produit et présenté de nombreuses expositions majeures, publié une quantité impressionnante de livres de référence, accueilli des centaines de chercheurs du monde entier et organisé toutes sortes d'événements publics et culturels. – L.-C. S

BRIAN MERRETT
Vue de la rue Saint-Marc et de la rue Baile montrant, au fond, la maison Shaughnessy. Montréal, Québec, novembre 1973 (épreuve à la gélatine argentique, 20,4 × 25,3 cm)

CENTRE CANADIEN D'ARCHITECTURE, FONDS PHYLLIS LAMBERT, MONTRÉAL, PH1989:0124. © BRIAN MERRETT.

BRIAN MERRETT
View of rue Saint Marc and rue Baile showing Shaughnessy House in the background. Montreal, Quebec, November 1973 (gelatin silver print, 20.4 × 25.3 cm)

CANADIAN CENTRE FOR ARCHITECTURE, PHYLLIS LAMBERT FONDS, MONTREAL, PH1989:0124. © BRIAN MERRETT.

Phyllis Lambert, présidente de la Société du patrimoine urbain de Montréal (SPUM) signant l'entente avec la Société canadienne d'hypothèques et de logement (SCHL) pour l'acquisition de 135 immeubles du parc Milton, avec le notaire Eric Bruce Moidel à sa droite et Robert Cohen à sa gauche. 16 mai 1979 (tirage à la gélatine argentique, 20,5 × 25,5 cm)

CENTRE CANADIEN D'ARCHITECTURE, FONDS MILTON-PARC, MONTRÉAL, ARCH278739. © D.R.

Phyllis Lambert, President of the Société du patrimoine urbain de Montréal (SPUM) signing the agreement with Canada Mortgage and Housing Corporation (CMHC) to acquire 135 Milton Parc buildings, with notary Eric Bruce Moidel on her right and Robert Cohen on her left. 16 May 1979 (gelatin silver print, 20.5 × 25.5 cm)

CANADIAN CENTRE FOR ARCHITECTURE, MILTON-PARC FONDS, MONTREAL, ARCH278739. © D.R.

Phyllis Lambert, la maison Shaughnessy, et le jardin de sculptures du CCA, 1989 (tirage à la gélatine argentique, 10 × 15,5 cm)

CENTRE CANADIEN D'ARCHITECTURE, FONDS PHYLLIS LAMBERT, MONTRÉAL, ARCON1990:0023. © D.R.

Phyllis Lambert, the Shaughnessy House, and the CCA sculpture garden, 1989 (gelatin silver print, 10 × 15.5 cm)

CANADIAN CENTRE FOR ARCHITECTURE, PHYLLIS LAMBERT FONDS, MONTREAL, ARCON1990:0023. © D.R.

ALAIN LAFOREST
CCA,
vue extérieure,
1993

CENTRE CANADIEN D'ARCHITECTURE, MONTRÉAL, 64598. © CCA.

ALAIN LAFOREST
CCA,
vue aérienne,
1990

CENTRE CANADIEN D'ARCHITECTURE, MONTRÉAL, 64595. © CCA.

ALAIN LAFOREST
CCA,
exterior view,
1993

CANADIAN CENTRE FOR ARCHITECTURE, MONTREAL, 64598. © CCA.

ALAIN LAFOREST
CCA,
aerial view,
1990

CANADIAN CENTRE FOR ARCHITECTURE, MONTREAL, 64595. © CCA.

Greystone Montreal 1685-1920

BY PHYLLIS LAMBERT AND RICHARD PARE, 1972-1974

TEXTS BY PHYLLIS LAMBERT

At the end of 1972, I embarked on a mission with the photographer Richard Pare to study the extant greystone buildings of my native city, Montreal. Over the following two years, we explored neighbourhoods with our cameras, discovering the genius of this twice-colonised North American city through its architectural development in grey limestone from 1685 to 1920, when local quarries were exhausted. Major political changes during this period - not least the ceding of French Canada to the British Empire under the 1763 Treaty of Paris - left behind cultural divisions. The use of greystone not only endured but became the shared language that defined the identity of the city as a whole. Revealing traces of the social and cultural forces that shaped the city, our photographic expedition later grew into a historical study using both comparative analysis and archival research.

Selected photographs in this exhibition evoke the trials of encounter: cultural and personal rivalries told through battling styles. Radical changes of function, which also find expression in the adoption of new architectural languages, indicate a transforming economy, as well as the political, linguistic and religious enmities that led to the development of separate communities in the former faubourgs. To the west of the city, English-speaking Protestants built an upscale residential area, now downtown, while, to the east, French-speaking Catholics built institutions that brought religious cohesion to their long-established communities. With the extensive growth of the city northwards, starting in the mid-19th century, greystone was used by both of these communities. The last phase in the expansion of Montreal's unique greystone patrimony took place at the periphery of the city in the early 20th century.

Les pierres grises de Montréal 1685-1920

DE PHYLLIS LAMBERT ET RICHARD PARE, 1972-1974

TEXTES DE PHYLLIS LAMBERT

À la fin de 1972, je me suis lancée avec Richard Pare dans une mission photographique répertoriant les édifices de pierre grise largement répandus dans ma ville natale, Montréal. Au cours des deux années suivantes, nous avons sillonné les quartiers avec nos appareils photo, découvrant le génie de cette ville nord-américaine deux fois colonisée à travers son développement architectural réalisé en pierre calcaire grise de 1685 à 1920, date à laquelle les carrières locales furent épuisées. Des bouleversements politiques majeurs - dont la cession du Canada français à l'Empire britannique par le Traité de Paris de 1763 - installèrent des divisions culturelles marquées. Pourtant, l'usage de la pierre grise a non seulement perduré, mais il est devenu l'idiome commun définissant l'identité de la ville dans son l'ensemble. Révélant les traces des forces sociales et culturelles qui ont façonné Montréal, notre expédition photographique s'est ensuite muée en une étude historique s'appuyant à la fois sur l'analyse comparative et la recherche en archives.

Les photographies choisies dans cette exposition évoquent les tentatives de rencontre : des rivalités culturelles et personnelles racontées à travers un affrontement de styles. Des changements radicaux de fonction des bâtiments,occasionnant l'adoption de nouveaux types de langage architectural, y indiquent une économie en mutation. Ces photos attestent aussi d'inimitiés politiques, linguistiques et religieuses qui menèrent au développement de deux communautés séparées dans les anciens faubourgs. À l'ouest de la ville, les protestants anglophones construisirent des beaux quartiers résidentiels - maintenant le centre-ville - tandis qu'à l'est, les institutions catholiques francophones apportaient une cohésion religieuse à leurs congrégations établies de longue date. Avec l'expansion de la ville vers le nord à partir du milieu du XIXe siècle, la pierre grise fut utilisée par ces deux communautés. Enfin, la dernière phase d'expansion du patrimoine en pierre grise typique de Montréal eut lieu en périphérie de la ville, au début du XXe siècle.

AERIAL VIEW OF THE INSTITUTIONS THAT CREATED 17TH-CENTURY MONTREAL AND, IN THE BACKGROUND, 20TH-CENTURY PORT STRUCTURES.

The roofs and garden at the centre are the Vieux Séminaire du Saint-Sulpice. To the left is the Basilique Notre-Dame de Montréal, built in 1824-29.

VUE AÉRIENNE DES INSTITUTIONS FONDATRICES DE MONTRÉAL AU XVIIE SIÈCLE AVEC, EN ARRIÈRE-PLAN, LES INFRASTRUCTURES PORTUAIRES DU XXE SIÈCLE.

Au centre, les toits et le jardin du Vieux Séminaire de Saint-Sulpice. À gauche, la basilique Notre-Dame de Montréal, construite en 1824 - 1829.

VIEUX SÉMINAIRE DU SAINT-SULPICE, 116 RUE NOTRE-DAME OUEST.

The central block and stair towers were built to plans by Sulpician Superior François Dollier de Casson in 1684-87. The wings (not shown) were built to plans by Sulpician Superior François Vachon de Belmont in 1704-15.

VIEUX SÉMINAIRE DE SAINT-SULPICE, 116, RUE NOTRE-DAME OUEST.

Le corps central et les tours d'escaliers furent édifiés sur les plans du supérieur sulpicien François Dollier de Casson, en 1684 - 1687, et les ailes (non figurées) sur les plans du supérieur sulpicien François Vachon de Belmont, en 1704 - 1715.

THE WEST GABLE FIREWALL OF THE CHÂTEAU RAMEZAY, 280 RUE NOTRE-DAME EST.

Originally built for Claude Ramezay, the governor of Montreal from 1705 to 1706, the house was expanded in 1755-56 from plans by Paul Texier dit Lavigne for the Compagnie française des Indes occidentales. From 1775 to 1776, the château was occupied by the American Continental Army during its invasion.

Architecturally, the château follows the Norman house type, with stout chimneyed end walls rising above gabled roofs for fire protection. The house, or la maison, was the predominant building type of 18th-century Montreal.

MUR COUPE-FEU À PIGNON DU CHÂTEAU RAMEZAY, 280, RUE NOTRE-DAME EST.

Construite à l'origine pour Claude Ramezay, gouverneur de Montréal de 1705 à 1706, la demeure fut agrandie en 1755 - 1756 sur les plans de Paul Texier dit Lavigne pour la Compagnie française des Indes occidentales. De 1775 à 1776, le «château» fut occupé par l'armée américaine continentale pendant son invasion.

Sur le plan architectural, ce château ressemble à un manoir normand, avec de solides murs extérieurs munis de cheminées s'élevant au-dessus des toits à pignon pour éviter les incendies. La maison était le type de construction prédominant à Montréal au XVIIIe siècle.

THE BELL TOWERS OF THE PARISH CHURCH OF MONTREAL, NOW BASILIQUE NOTRE-DAME, 110 RUE NOTRE-DAME OUEST, WERE ADDED BY ARCHITECT JOHN OSTELL IN 1841-43 FROM A DESIGN BY JAMES O'DONNELL, ARCHITECT OF THE 1824-29 CHURCH.

The Sulpicians had calculated that a 10,000-seat church would accommodate all worshippers in Montreal, keeping the vast parish of Notre-Dame intact. In 1865, however, the parish's dismemberment was ratified by the Vatican at the instigation of the bishop of Montreal.

LES CLOCHERS DE L'ÉGLISE PAROISSIALE DE MONTRÉAL, AUJOURD'HUI BASILIQUE NOTRE-DAME, 110, RUE NOTRE-DAME OUEST, FURENT AJOUTÉS PAR L'ARCHITECTE JOHN OSTELL EN 1841 - 1843, SUR DES DESSINS DE JAMES O'DONNELL, ARCHITECTE DE L'ÉGLISE DE 1824 À 1829.

Les sulpiciens avaient calculé qu'une église de 10 000 places pourrait accueillir tous les fidèles de Montréal et ainsi maintenir l'intégrité de la vaste paroisse de Notre-Dame. Hélas, en 1865, le démembrement de la paroisse fut ratifié par le Vatican à l'instigation de l'évêque de Montréal.

VIEW SOUTH ON RUE BONSECOURS, NEAR CHÂTEAU RAMEZAY. FROM LEFT: MAISON LOUIS-VIGER, 415 RUE BONSECOURS (BUILT CA. 1765, WITH A THIRD STOREY AND FAÇADE ADDED CA. 1835); MAISON DU CALVET, 401 RUE BONSECOURS (BUILT 1770-71); CHAPELLE NOTRE-DAME-DE-BON-SECOURS, RUE SAINT-PAUL EST (BUILT BY MASON JOSEPH MORIN, 1771-73, WITH FAÇADE DESIGNED BY ARCHITECTS PERRAULT AND MESNARD ADDED IN 1886-90).

Pierre du Calvet, a Huguenot who came from France seeking refuge from persecution, was imprisoned by the British on suspicion of aiding the Continental Army by holding arms in his storeroom.

VUE SUD SUR LA RUE BONSECOURS, PRÈS DU CHÂTEAU RAMEZAY. À PARTIR DE LA GAUCHE : MAISON LOUIS-VIGER, 415, RUE BONSECOURS (CONSTRUITE VERS 1765, AVEC UNE FAÇADE ET UN SECOND ÉTAGE AJOUTÉS VERS 1835) ; MAISON DU CALVET, 401, RUE BONSECOURS (CONSTRUCTION 1770 - 1771) ; CHAPELLE NOTRE-DAME-DE-BON-SECOURS, RUE SAINT-PAUL EST (CONSTRUITE PAR LE MAÇON JOSEPH MORIN, 1771 - 1773, AVEC UNE FAÇADE DESSINÉE PAR LES ARCHITECTES PERRAULT ET MESNARD, AJOUTÉE EN 1886 - 1890).

Pierre du Calvet, un huguenot venu de France pour fuir les persécutions, fut emprisonné par les Britanniques, qui le soupçonnaient d'aider l'armée continentale en cachant des armes dans son arrière-boutique.

MARCHÉ BONSECOURS, VIEW WEST ON RUE SAINT-PAUL, DESIGNED BY ARCHITECT WILLIAM FOOTNER IN 1844-47, COMPLETED BY GEORGE BROWNE IN 1847-48. THE DOME WAS REBUILT IN 1978 FOLLOWING A FIRE. THE UPPER FLOOR OF THE THREE-HUNDRED-METRE-LONG PUBLIC MARKET HALL HOUSED MONTREAL'S CITY HALL FROM 1852 TO 1878.

The market replaced a nearly 40-year-old wooden structure on Place Jacques-Cartier. Architecturally, it is an evocation of the capital cities of the great European nations. The stonework is a sophisticated lexicon of dressed limestone, surpassing that of the parish church of Notre-Dame, built a decade earlier.

MARCHÉ BONSECOURS, VUE OUEST SUR LA RUE SAINT-PAUL, DESSINÉ PAR L'ARCHITECTE WILLIAM FOOTNER EN 1844 - 1847, ACHEVÉ PAR GEORGE BROWNE EN 1847 - 1848. LE DÔME FUT RECONSTRUIT EN 1978, À LA SUITE D'UN INCENDIE. L'ÉTAGE SUPÉRIEUR DE CE MARCHÉ PUBLIC DE TROIS CENTS MÈTRES DE LONG HÉBERGEA LA MAIRIE DE MONTRÉAL DE 1852 À 1878.

Le marché remplaça un bâtiment en bois vieux d'une quarantaine d'années sur la place Jacques-Cartier. Sur le plan architectural, il évoque les capitales des grandes nations européennes. Sa maçonnerie en pierre convoque un lexique élaboré de calcaire taillé, surpassant celui de l'église paroissiale de Notre-Dame, construite une décennie plus tôt.

LEFT: RECOLLET STORE-WAREHOUSE FOR WHOLESALE DRY GOODS, CORNER OF RUE DES RÉCOLLETS AND RUE SAINTE-HÉLÈNE (CYRUS POLE THOMAS, ARCHITECT, 1868). RIGHT (BACKGROUND): CAVERHILL BLOCK, ON RUE SAINT-PIERRE (CYRUS POLE THOMAS AND WILLIAM TUTIN THOMAS, ARCHITECTS, 1865-66).

The stone likely came from quarries in the former village of Côte-Saint-Louis (now rue des Carrières), the source of most of the grey limestone used in Montreal construction between 1800 and 1880.

GAUCHE : MAGASIN-ENTREPÔT DE MERCERIE RECOLLET HOUSE, AU COIN DES RUES DES RÉCOLLETS ET SAINTE-HÉLÈNE (CYRUS POLE THOMAS, ARCHITECTE, 1868). DROITE (ARRIÈRE-PLAN) : CAVERHILL BLOCK, SUR LA RUE SAINT-PIERRE (CYRUS POLE THOMAS ET WILLIAM TUTIN THOMAS, ARCHITECTES, 1865 - 1866).

La pierre provenait sans doute des carrières de l'ancien village de la Côte-Saint-Louis (aujourd'hui rue des Carrières), comme l'essentiel du calcaire gris utilisé dans la construction montréalaise entre 1800 et 1880.

THE HÔTEL-DIEU, VIEWED FROM THE AVENUE DES PINS INTERCHANGE, QUARTIER SAINT-LAURENT (VICTOR BOURGEAU, ARCHITECT, 1859-61, WITH ADDITIONS DATING 1886-1957).

Ten times the size of the institution's 17th- and 18th-century monastery and hospital in Old Montreal, the new building evoked the rusticated surfaces characteristic of the French regime. The Hôtel-Dieu's bossed stone finish is typical of Catholic institutions after 1867, when the French-speaking population again became the majority in Montreal.

L'HÔTEL-DIEU, VU DEPUIS L'ÉCHANGEUR DE L'AVENUE DES PINS (VICTOR BOURGEAU ARCHITECTE, 1859 - 1861, AVEC EXTENSIONS DATANT DE 1886 À 1957).

Dix fois plus grand que l'ancien monastère-hôpital des XVIIe et XVIIIe siècles, une institution du Vieux-Montréal, le nouveau bâtiment remettait à l'honneur les surfaces rustiques caractéristiques du régime français. La finition en pierre bossagée de l'Hôtel-Dieu est typique des institutions catholiques d'après 1867, lorsque la population francophone redevint majoritaire à Montréal.

DEFENSE
DE
STATIONNER
EN
TOUT TEMPS
ARRET
STOP

VIEW OF MCGILL UNIVERSITY ARTS BUILDING, 805 RUE SHERBROOKE OUEST, QUARTIER SAINT-ANTOINE, CENTRAL BLOCK (JOHN OSTELL, ARCHITECT, 1839-43; CORRIDORS ADDED BY WILLIAM SPIER & SON, IN 1861-62, WITH SECOND LEVEL ADDED IN 1880).

William Spier & Son completed Ostell's Palladian design for the Arts Building, which remained the only major building on the campus until 1888. McGill was the anchor of Montreal's English-speaking community.

VUE DU PAVILLON DES ARTS DE L'UNIVERSITÉ MCGILL, 805, RUE SHERBROOKE OUEST, QUARTIER SAINT-ANTOINE (JOHN OSTELL ARCHITECTE, 1839 - 1843. GALERIES AJOUTÉES PAR WILLIAM SPIER & SON EN 1861 - 1862, AVEC AJOUT D'UN ÉTAGE EN 1880).

William Spier & Son finalisèrent la réalisation du dessin palladien d'Ostell. Le pavillon des Arts demeura le seul bâtiment important du campus jusqu'en 1888. McGill était le point d'ancrage de la communauté anglophone de Montréal.

HALPIN TRIPLEX, 3920-24 AVENUE DU PARC LA FONTAINE, 1894.

The first occupants included carriage-maker James Halpin (owner), cattle dealer Louis Delorme and merchant Pierre Gravel. Richardsonian elements appear in this row of upper-middle-class duplexes and triplexes all built within a few years of each other.

TRIPLEX HALPIN, 3920-3924, AVENUE DU PARC-LA FONTAINE, 1894.

Les premiers occupants comprenaient le fabricant de voitures à cheval James Halpin (propriétaire), le marchand de bétail Louis Delorme et le marchand Pierre Gravel. Des éléments richardsoniens sont visibles dans cette rangée de duplex et triplex de la classe moyenne supérieure, tous construits à quelques années d'intervalle.

Musée d'Orsay

Paris
1986